LOUIS BLAIRET

LE

GÉNÉRAL PRIM

ET LA

SITUATION ACTUELLE DE L'ESPAGNE

AVEC DES NOTES BIOGRAPHIQUES SUR LES PRINCIPAUX MEMBRES

DE L'ÉMIGRATION PROGRESSISTE

> Les bons font place aux pires.
> Ce royaume effrayant, fait d'un amas d'empires,
> Penche... Il nous faut ton bras! au secours, Charles Quint,
> Car l'Espagne se meurt! car l'Espagne s'éteint!
> (*Ruy Blas.*)   VICTOR HUGO.

PARIS

ACHILLE FAURE ET Cᵉ, LIBRAIRES-ÉDITEURS

18, RUE DAUPHINE, 18

1868

LE GÉNÉRAL PRIM

ET LA

SITUATION ACTUELLE DE L'ESPAGNE

> Les bons font place aux pires.
> Ce royaume effrayant, fait d'un amas d'empires,
> Penche... Il nous faut ton bras! au secours, Charles Quint
> Car l'Espagne se meurt! car l'Espagne s'éteint!
> (*Ruy Blas.*)   VICTOR HUGO.

LE
GÉNÉRAL PRIM

ET LA

SITUATION ACTUELLE DE L'ESPAGNE

AVEC DES NOTES BIOGRAPHIQUES SUR LES PRINCIPAUX MEMBRES

DE L'ÉMIGRATION PROGRESSISTE

PAR

LOUIS BLAIRET

PARIS

ACHILLE FAURE ET Cᵉ, LIBRAIRES-ÉDITEURS

18, RUE DAUPHINE, 18

1868

AVANT-PROPOS

Tout fuit, tout s'efface, tout est vaincu devant les enfants de la Liberté, devant ces hommes d'action qui s'en vont au pays du soleil et des aventures, vaincre n'importe où, pourvu qu'il y ait à jouer avec la mort et de la gloire à conquérir !

Voyez-les, ces hommes guidés par le devoir où le dévouement — quelque part où il faille faire honneur à leur drapeau. Jetez-les sous la mitraille, en face des canons et des artilleurs ; et si vous pâlissez en voyant ce que leur fera la mitraille, vous verrez ce qu'ils font des artilleurs et des canons !

Prim est une de ces natures généreuses et intrépides jusqu'à la témérité, pour lesquelles obstacles et périls ne font qu'exciter l'ardeur et le désir de vaincre.

Ceux qui le connaissent sont séduits, enthousiasmés par cette figure chevaleresque qui justifie si bien toutes les sympathies qu'elle s'est attirées non-seulement dans son pays, mais dans le monde entier, particulièrement en France, ce pays enthousiaste de tout ce qui est bien, de tout ce qui est beau, et qui se passionne si facilement, mais si noblement aussi, pour ceux qui savent mériter sa généreuse admiration.

Pour écrire cette trop courte biographie, nous avions pour base des documents de la plus parfaite authenticité que nous ont communiqués ceux-là mêmes qui étaient en mesure d'en contrôler l'exactitude ; et, pour compléter, nous avons pris nos renseignements un peu partout, ayant soin de les contrôler à notre tour avec la plus scrupuleuse attention.

Historiographe consciencieux, nous nous faisons un devoir de combattre la calomnie répandue contre le général Prim. L'histoire doit faire, dès à présent, bonne justice de toutes ces accusations; et le jour où le héros de cette notice aura triomphé à son tour, ceux-là mêmes, aujourd'hui encore si acharnés après lui, seront peut-être les premiers à l'acclamer.

Malheur aux vaincus !
Gloire aux triomphateurs !

On a écrit perfidement que Prim avait des agents chargés de le justifier et de le faire triompher. Prim n'a pas d'*agents*, il n'a que des amis et des partisans, et tous lui sont entièrement dévoués.

Aucun personnage étranger ne jouit chez nous

d'une popularité aussi grande, n'a su mériter autant de chaleureuse sympathie par le seul fait de son caractère franc et loyal, et c'est bien là ce qui fait la force, le droit du général Prim, dont le nom est devenu légendaire dans les montagnes de la Catalogne.

Notre travail n'eût pas été complet si nous n'y eussions ajouté quelques renseignements exacts sur la situation respective des partis en Espagne, sur la situation politique actuelle de ce malheureux pays. Nous souhaitons vivement qu'il remplisse le but que nous nous sommes proposé : de jeter un peu de lumière sur les faits qui s'accomplissent au delà des Pyrénées.

Dans cet ouvrage, le lecteur remarquera peut-être des lacunes, des faits inexpliqués ou non entièrement expliqués. Mais nous répondrons que nous n'avons voulu écrire qu'une notice biographique et non une histoire complète, que nous ferons peut-être très-prochainement, sur les hommes qui ont été ou qui seront peut-être un jour appelés à gouverner l'Espagne. Si celle-ci a le bonheur d'intéresser quelque peu le lecteur, et surtout de s'attirer une critique, si dure qu'elle soit, tant mieux : ce sera pour nous un encouragement à donner suite à notre projet.

Louis BLAIRET.

LE
GÉNÉRAL DON JUAN PRIM

PREMIER COMTE DE REUS,
MARQUIS DE LOS CASTILLEJOS, VICOMTE DEL BRUCH

Lieutenant général; Grand d'Espagne de première classe; Sénateur du royaume; Gentilhomme de la Reine; Grand-Cordon de l'Ordre militaire de San-Fernando; de Charles III, d'Espagne; du Danebrog, de Danemark; du Medjidié, de Turquie; du Lion et l'Épée, de Perse; décoré de la croix Laureada de deuxième classe, de Saint-Ferdinand, et chevalier cinq fois des Ordres militaires de San-Fernando et d'Isabelle la Catholique, etc., etc.

———

Au mois de mai 1866, dans un des plus élégants salons de Paris, on remarquait parmi les nombreux invités un homme de taille moyenne, très-distingué; il avait la tournure et la mise d'un homme du meilleur monde, le visage régulier, le teint légèrement coloré, les cheveux noirs frisés, la barbe courte et soyeuse, le regard d'une puissance étonnante...

Sa physionomie respirait l'énergie et la bonté.
Il parlait peu, se contentant de jeter de temps
en temps dans la conversation deux ou trois
phrases bien nettes, bien tranchées, qui résu-
maient la question et ne souffraient pas de ré-
plique.

On sentait l'homme habitué à commander et
à être obéi.

Il était accompagné d'un de ses amis, le
comte X... A un moment, un des intimes de ce
dernier demanda le nom du noble causeur.

— Hé quoi! répondit le comte, ignorez-vous
que c'est le général Prim?... Et lisant dans les
yeux de son interlocuteur un grand désir : Ve-
nez, je vais vous présenter à lui...

Quelques instants après, le général tendait la
main à ce nouveau personnage, que le lecteur
nous permettra de ne pas nommer, et lui disait
ceci :

— Vous avez lu, sans doute, et vous avez cru
probablement que j'étais un ambitieux... Oh!
ne dites pas le contraire! Vous deviez le croire,

car les événements m'ont donné tort; mais pourquoi serais-je un vulgaire ambitieux? J'ai cinquante ans, je suis lieutenant général, grand d'Espagne de première classe, sénateur... que sais-je? J'ai plus de grands cordons qu'il ne m'en faut... J'ai ma femme que j'aime, un fils et une fille que j'adore; un nom, un rang, une fortune, une famille... et, croyez-le bien, je n'ai plus d'autre ambition que celle de combattre pour la liberté!

Le général s'arrêta... sa main trembla... ses yeux lancèrent des éclairs !

— La liberté! mais, général, elle a failli vous coûter cher !

— C'est vrai, dit le général Prim avec un sourire de résignation ; dans ma patrie, on m'a condamné à mort... mais un soldat n'est jamais condamné tant qu'il n'est pas fusillé !...

Cet homme si simple, si doux et si modeste, c'était donc le farouche guerrier qui a inscrit son nom dans le grand livre de l'histoire avec la pointe de son épée; et cet illustre général que tout le monde se représente avec d'énormes moustaches et des allures de sabreur, est en réalité l'homme le plus séduisant et le causeur le plus charmant.

Ce portrait suffira pour faire connaître le général dans la vie privée.

Avant d'esquisser sa biographie, disons encore qu'à l'occasion c'est un orateur à la parole nette et incisive, qui redevient le guerrier avec toute son audace, toute sa passion, tout son entraînement, toute son autorité. — Trois mots résumeront son organisation merveilleuse : vaillant soldat, vaste intelligence, noble penseur.

PRIM (don JUAN) est né à Reus dans la Catalogne, le 12 décembre 1814. Il est fils d'un lieutenant-colonel d'infanterie, Paul Prim, dont la carrière et le caractère furent honorables; sa famille jouissait dans le pays d'une grande considération.

En 1834, la guerre civile ayant éclaté, Prim, qui se sentait un goût prononcé pour la carrière militaire, se rangea, presque enfant, dans les rangs du parti libéral, représenté par la reine Christine, tutrice de sa fille Isabelle et gouvernante du royaume. Il s'engagea dans un corps franc, *les volontaires d'Isabelle II*, où il prit rang en qualité de soldat distingué (*distinguido*), catégorie de privilége qu'il devait à sa naissance, et qui, de volontaire, permettait de passer sous-lieutenant sans s'arrêter aux grades intermédiaires.

A cette époque, la guerre de succession venait de commencer. Il ne s'agissait pas seulement de succession au trône, mais aussi d'une grande question de principe politique. La liberté et les droits civils étaient en lutte contre les priviléges et les abus du passé, et la reine était *alors* le symbole de la régénération espagnole.

Une occasion de guerre se présentait pour le jeune Prim, et quelle guerre, bon Dieu ! Quoique civile et fraternelle, elle n'en était que plus terrible et périlleuse !

Dans cette lutte de sept ans, sa bonne fortune lui valut d'être nommé dans tous les engagements où il prit part, et neuf blessures d'armes à feu et d'armes blanches attestent qu'il a rempli consciencieusement ses devoirs.

Le général Llauder, capitaine général de la Catalogne, qui combattait la faction carliste, avait, du premier coup, remarqué le jeune Prim et reconnu ses brillantes qualités militaires. C'est sur le champ de bataille, après l'action de Ribas, qu'il changea son fusil de cadet contre l'épée de sous-lieutenant, récompense du courageux volontaire dangereusement blessé.

Nous ne raconterons pas les nombreux faits d'armes par lesquels Prim s'est signalé durant les sept années de cette guerre fratricide, opiniâtre, terrible, et soutenue avec autant d'acharnement que d'héroïsme de la part des deux partis.

C'était une guerre de montagne, où les combats sont livrés corps à corps, — luttes individuelles dans lesquelles un homme d'action a les occasions de se distinguer, de se faire un nom et de conquérir une auréole de gloire. Ces occasions, Prim ne les négligea pas.

Un fait surtout mérite d'être mentionné.

Prim était capitaine sous les ordres du général Clémenti.

— Capitaine, lui dit un matin le général, je crois que l'ennemi est à notre droite, dans le bois qui couronne la crête de la montagne... J'ai besoin d'un brave, et j'ai compté sur vous pour faire une reconnaissance de ce côté.

— C'est bien, mon général.

Un instant après, la compagnie était en route.

Quand elle fut arrivée à quelque distance du camp, le capitaine dit à ses soldats :

— Mes enfants, nous sommes cent, et il y a quelque part cinq mille ennemis. Qu'en dites-vous?

— En avant! s'écrièrent les soldats.

On marche ainsi pendant deux ou trois heures... rien! Ils escaladent la montagne... pas le moindre ennemi!

La colonne pénètre dans la forêt... Les premiers rangs tombent foudroyés par une fusillade qui éclate de tous côtés...

La nuit venait... le général Clémenti commençait à s'inquiéter de son capitaine, quand tout à coup on vit s'approcher du camp un officier s'appuyant sur un soldat, le seul qui avait échappé au massacre.

Quand il fut devant son général, le capitaine Prim, brisé par la fatigue et la douleur, montra sa poitrine ensanglantée par une balle, et :

— Général, dit-il, vous aviez raison ; l'ennemi était bien où vous le supposiez.

Ses actions d'éclat, connues de toute l'armée, lui valurent, en 1836, la croix de Saint-Ferdinand de première classe, et la croix d'Isabelle la Catholique, que le général Carbo lui attacha sur la poitrine en présence de la division, juste récompense de sa vaillance au siége de Puycerda.

Quelque temps après, il fut nommé capitaine-commandant des chasseurs de Zamora. C'est à leur tête qu'au siége d'Ager, en février 1837, il attaqua et emporta une redoute devant toute l'armée qui, électrisée, applaudissait de loin.

Après les mémorables journées de *Ribas, Villa-Mayor, Peracamps, Puycerda, Ager*, et autres, il obtint le grade de lieutenant-colonel, sur la proposition du baron de Mer, général en chef, témoin de ces brillants faits d'armes.

A l'époque où cessa la guerre civile, Prim avait assisté à trente-cinq combats, à un grand nombre de rencontres isolées, et partout fait preuve d'un courage héroïque.

Il fut nommé colonel à l'âge de vingt-cinq ans, et malgré cette rapide fortune, il eut la satisfaction de compter dans l'armée et dans le pays un grand nombre d'amis que lui avait attirés sa réputation de *brave entre les braves*, autant que son caractère aussi affable que franc et sympathique.

Voici un trait qui prouve sa générosité peu commune :

On lui annonce un jour qu'une dizaine de

soldats de grands chemins le cherchent pour le tuer.

— Bien, dit Prim, où sont-ils? — Ils étaient dans une grange, à quelques pas de là. Prim boucle son ceinturon, arme ses pistolets, et tout seul va vers eux, frappe à la porte et entre.

Les autres se chauffaient autour d'un grand feu.

— Vous cherchez Juan Prim? dit le colonel. C'est moi.

Ils sautent sur leurs escopettes et l'ajustent. Prim, aussitôt entouré d'un cercle de canons de carabines, les relève brusquement de ses deux bras, et, au même moment, la grange est entourée de soldats, accourus en toute hâte. Ceux-ci voulaient fusiller les prisonniers.

— Allons donc! dit Prim, *il faut que tout le monde vive!* —

Il les laisse aller.

Généreux autant qu'intrépide, c'est Prim qui répète après le général Mollière : « On ne doit jamais insulter personne! *On ne blesse un homme qu'avec du fer et du plomb* (1)! »

En 1840, la ville de Barcelone le nomma son représentant aux Cortès. On sait que ces assemblées exercent le pouvoir législatif, concurremment avec le souverain, en Espagne et en Portugal. C'est au douzième siècle, en l'an 1188, qu'elles prirent pour la première fois le nom de *Cortès*, de l'espagnol *corté*, cour.

En 1833, Marie-Christine donna une nouvelle existence aux Cortès, contre lesquelles la Sainte-Alliance avait fait envoyer une armée française en 1823. — C'est le peuple qui les nomme, mais par un suffrage restreint.

En 1841, éclata le mouvement modéré dirigé par le général O'Donnell, auquel Prim ne prit aucune part, car, appartenant au parti libéral, il le combattit. Ce mouvement fut étouffé instantanément par l'indignation nationale.

(1) Nous avons pris quelques détails intéressants dans les spirituelles chroniques de MM. Albert Wolff et Jules Clàretie, à *l'Événement*.

Aux événements de 1843, contre le régent Espartero, qui avait soulevé contre lui tous les partis d'Espagne, Prim fut mis à la tête de celui de Catalogne pour rétablir l'ordre; par une suite de péripéties dont les peuples, dans leur marche révolutionnaire, ont donné plus d'un exemple, une part du parti progressiste s'était soulevée contre l'autre, — quelque chose comme les journées de Juin à Paris.

Il eut la mission de pacifier la Catalogne, et, après cent jours de luttes aussi lamentables que sanglantes, et par une suite non interrompue de victoires, il parvint à rétablir l'ordre.

C'était déjà avec le grade de maréchal de camp, les titres de Castille, vicomte del Bruch, et comte de Reus, qu'à l'âge de vingt-six ans ce commandement lui fut confié. Peu de temps après, il fut nommé inspecteur des carabiniers de l'Andalousie.

Député aux Cortès pendant plusieurs législatures, il se fit connaître par l'impétuosité de ses discours et la facilité de son élocution, au point d'appeler l'attention de ses adversaires politiques et de se faire remarquer parmi les orateurs et les chefs du parti progressiste.

Aussi intrépide au sein du parlement que sur les champs de bataille, jeune, possédant un grade élevé dans l'armée, doué d'autant de sang-froid que de résolution, il dut nécessairement prendre part aux luttes politiques et subir les persécutions de l'exil qui en sont les conséquences fatales, surtout dans un pays où la forme de gouvernement n'est pas solidement assise.

La réaction ayant pris le dessus, Prim fut bien vite mis de côté, et le pouvoir ombrageux qui en surgit (premier ministère Narvaez) le fit arrêter sous n'importe quel prétexte et mettre en jugement.

Il ne lui fut pas difficile de prouver la fausseté des grossières accusations portées contre lui, ce qui ne l'empêcha pas d'être condamné à une réclusion de six ans aux îles Philippines. C'était trop absurde; il fut presque aussitôt gracié.

C'est sans doute pour faire allusion à cette

odieuse comédie qu'on a écrit que Prim, l'*ingrat*, avait *déjà* dû la vie à la clémence de sa souveraine.

L'important service qu'il rendit au Danemark, en réprimant la révolution de Santa-Crux, lui valut dè la part du roi la grand'croix de l'ordre du Danebrog. A cette époque, il occupait le poste de capitaine général de Puerto-Rico, où il se fit remarquer par son tact, sa discrétion et son vaillant caractère.

Malgré la pression du gouvernement, la Catalogne lui continua sa confiance, et le parti progressiste le renvoya de nouveau aux Cortès. Il ne cessa d'y être son représentant jusqu'en 1854, où sa promotion de lieutenant général lui donna siége au Sénat.

Jusqu'à cette dernière date, Prim eut constamment à souffrir des vicissitudes de son parti, et des persécutions inouïes, lesquelles, quelque peu affaiblies en 1852, lui valurent, autant par égard à sa personnalité que dans le but de l'éloigner de la Péninsule, la mission honorifique d'étudier les opérations de la guerre d'Orient.

C'est là que le surprit le grand mouvement de 1854.

Prim, au moment de la guerre de Crimée, représentait auprès du sultan le gouvernement espagnol ; il était à deux pas des coups de feu, l'odeur de la poudre l'enivra.

Reçu au quartier général d'Omer-Pacha, il prit à la guerre autant de part que le lui permettait sa position. Dans plusieurs circonstances, il fut consulté par le généralissime de l'armée ottomane.

On raconte que dans cette belle campagne du Danube contre les Russes, où Omer-Pacha sauva les frontières de la Turquie, Prim était là, conseillant, dirigeant et rendant ainsi des services immenses aux troupes du Padischa.

Cette présence du général espagnol contribua puissamment à relever le moral de l'armée ottomane.

Pendant le peu de temps qu'il passa en Turquie, le général Prim se fit une telle réputation, qu'à son départ, le généralissime lui fit présent de deux magnifiques chevaux, et qu'en récompense de ses services, le sultan lui écrivit une lettre extrêmement flatteuse, en lui envoyant la grande décoration du Medjidié ainsi qu'un sabre d'honneur, comme témoignage de sa haute estime.

Absent pendant la révolution de 1854, il fut rappelé en Espagne par son élection aux Cortès, pour la ville de Barcelone, où il a siégé jusqu'en 1860, et puis au Sénat, où il vota toujours les mesures libérales propres à améliorer le sort du peuple. Il fut le seul membre du parti progressiste réélu aux Cortès en 1857.

Nommé la même année capitaine général de Grenade, de là il passa à Mélidla pour battre les Kabyles du Riff qui menaçaient cette ville.

En 1856, à la suite d'une lettre écrite à ses amis de Barcelone et publiée par divers journaux, Prim fut arrêté et traduit devant un conseil de guerre, sans que son incarcération l'empêchât d'être nommé député par les plus influents et les plus importants du district de Reus, témoignage de la haute estime que ses compatriotes avaient pour lui.

Le nouveau ministère ayant pour chef de cabinet le maréchal O'Donnell, le général Prim fut nommé sénateur en 1858. Il prit une grande part aux discours du trône, surtout à propos des affaires du Mexique.

Pendant la dernière guerre du Maroc (1859-1860), Prim, mis d'abord à la tête de la division de réserve, eut une brillante part aux batailles et aux succès de l'armée espagnole. Toujours en avant, toujours téméraire, toujours heureux, du premier combat au dernier, Prim, ce général sans égal et sans peur, au milieu des balles, sous la pluie de fer, combattit comme embrasé d'un feu intérieur, et regardant à toute heure la mort face à face pour la contraindre à reculer...

A la journée de Los Castillejos (1er janvier 1860), enlevant son cheval d'un coup de main, il s'élança au grand galop sur l'ennemi, le drapeau de Cordoue à la main droite. Seul, pendant quelques minutes, criant *vive l'Espagne !* il sabra l'ennemi, sans colère, hautain, attendant ses hussards, ses héroïques *hussards de la princesse,* électrisés par son exemple.

À la tête d'une poignée d'hommes seulement, il délogea des masses de Maures, et chassa devant lui la horde des ennemis terrifiés.

Prim devait bientôt, au combat de *Los Campamentos* qui décida de la chute de Tétuan, se jeter encore dans une redoute et clouer sur son canon un artilleur qui allait faire feu sur l'armée espagnole.

Quand il revint dans sa patrie, les acclamations furent toutes pour ce jeune général, qui rayonnait de l'éternelle séduction de la témérité et du génie.

Il reçut, à l'occasion de ses victoires au Maroc, le titre de marquis de Los Castillejos, fut fait grand d'Espagne de première classe, et nommé inspecteur directeur général du génie (janvier 1861).

Vint en 1862 l'expédition du Mexique, dans laquelle le général Prim n'a rien mis du sien, comme le vulgaire en France et rien qu'en France se plaît à le croire : un petit nombre par intérêt, la majorité par ignorance des faits.

Le 31 octobre précédent, un traité avait été signé à Londres, entre la France, l'Espagne et l'Angleterre. Le but des trois puissances était de s'unir pour faire valoir collectivement les réclamations qu'elles croyaient devoir faire à la république mexicaine; elles n'étaient guidées par aucun but de conquête, et n'avaient pas à s'immiscer dans la forme du gouvernement de ce peuple. Seulement, et dans l'unique cas où la république, telle qu'elle était organisée alors, se refuserait à faire droit à leurs réclamations, les trois puissances en appelleraient aux armes.

Nommé chef des troupes espagnoles en même temps que ministre plénipotentiaire, le général Prim était heureux d'aller combattre avec les soldats de la France et de l'Angleterre. On connaît l'estime toute particulière que l'empereur des Français a toujours professée pour lui ; voici la lettre que Sa Majesté lui écrivait :

Paris, 24 février 1862.

Mon général,

Votre rêve de Vichy s'est réalisé, voici les troupes espagnoles et françaises combattant pour la même cause.

J'ai appris avec plaisir votre nomination au commandement de l'armée expéditionnaire. Je vous recommande le général Lorencez, que je nomme chef de mon petit corps d'expédition. Si l'on a à se battre, vous le trouverez digne de figurer à vos côtés. J'espère que, les vues de votre gouvernement étant d'accord avec les miennes, il n'y aura pas de divergence d'opinion entre les commandants en chef. Le général Lorencez doit commander toutes mes troupes, l'amiral Jurien de la Gravière reste chargé de la direction politique.

Je désire vivement, et je fais des vœux des plus ardents pour que la campagne qui va commencer produise l'union la plus intime entre l'Espagne et la France, et je ne doute pas que votre présence à la tête des troupes espagnoles ne contribue à cet heureux résultat.

Je vous renouvelle avec plaisir l'assurance de mes sentiments d'estime et d'amitié.

Signé : Napoléon.

L'empereur des Français vit avec plaisir le général Prim commander les troupes françaises, tant il avait de l'estime pour lui.

A la Havane, le commandant espagnol vit les émigrés mexicains, qui lui dirent qu'il n'y avait qu'à se présenter pour produire une révolution : « Eh bien ! répondit le général Prim, si vous pouvez faire une révolution, faites-en une. Nous traiterons avec vous comme avec Juarez, mais nous ne nous en mêlerons pas. Nos instructions nous ordonnent de traiter avec le gouvernement de fait. »

Le général Prim arriva à la Vera-Cruz en même temps que le vice-amiral Jurien de la

Gravière, dans les premiers jours de 1862, et les commandants alliés durent se concerter pour fixer le chiffre des réclamations (le représentant de l'Angleterre était sir Charles Wyke).

Le commandant espagnol eut la plus grande part aux préliminaires de la convention dite de *Soledad*. Cette convention permettait aux troupes alliées de monter dans les hautes terres jusqu'à Orizaba et d'y rester jusqu'au 20 mars, époque où s'ouvriraient des négociations. Si les négociations échouaient, les alliés reculeraient jusqu'à leurs anciens cantonnements, au delà du Chiquihuite, avant de commencer les hostilités. Dans son discours au Corps législatif, M. Thiers s'exprimait ainsi le 9 juillet 1867, au sujet de la convention d'Orizaba :

On nous livrait des positions importantes, on nous demandait de les rendre si l'entente ne pouvait s'établir : quoi de plus naturel? N'était-il pas naturel aussi de laisser flotter le drapeau mexicain à côté des nôtres, puisque nous ne voulions pas faire la guerre au gouvernement mexicain?

Cela fut donc consenti et forma la convention de la Soledad, qui fut un peu plus tard si durement désavouée par le Gouvernement français. Grâce à cette convention, signée le 19 février, nos troupes purent se rendre à Orizaba; et ce qui prouve l'importance du service qu'on venait de nous rendre, c'est que *la route était couverte de morts et de mourants.*

Quelque temps après la convention de Soledad, était débarqué le général mexicain Almonte, qui, croyant.déjà les affaires avancées, venait pour commencer la propagande monárchique.

Le général espagnol et le représentant anglais protestèrent contre cette présence d'.Almonte qui était en contradiction avec le traité de Londres. — Ces deux plénipotentiaires disaient : « Cette position n'est pas soutenable (à Orizaba). Nous avons promis de ne pas intervenir dans la question du gouvernement, et maintenant on veut renverser la république. Nous sommes au 9 mars, et c'est le 20 que les négociations doivent s'ouvrir. Attendez. — J'ai des ordres, répondait l'amiral la Gravière. — Nous en avons aussi, et ils nous commandent de nous borner à l'occupation dn littoral. » La divergence d'opinions devint bientôt plus manifeste entre les chefs alliés. Une conférence à Orizaba n'aboutit pas, et la rupture fut complète.

Pour cette malheureuse expédition du Mexique, Prim a été calomnié avec la plus vive violence. Aucune injure ne lui a été épargnée, on a même été jusqu'à dire que c'est la peur qui l'avait fait reculer. (*Histoire contemporaine et populaire de la France.*)

Ces attaques injustes nous autorisent à publier les passages suivants d'une lettre adressée par Prim à l'un de ses amis :

Depuis le premier jour où les délégués mirent entre les mains du président Juarez la note collective de nos réclamations, Juarez s'engageait à y faire droit. D'un commun accord, nous fixâmes un jour, 20 mars, date que les Français signalèrent pour faire nos conditions, et le 19, la veille, sans raison ni motif apparent, sans le moindre incident qui pût servir de prétexte, les Français attaquèrent les Mexicains sans même se donner la peine de leur déclarer la guerre, et sans retourner au delà du Chiquihuite comme ils s'y étaient engagés d'honneur, ainsi que nous... Ce fut en vue d'un pareil procédé que je crus devoir abandonner une partie dans laquelle je n'avais plus rien à faire, surtout n'ayant aucun motif de plainte contre le gouvernement de la république ni contre le peuple, et ne me rendant pas compte d'un pareil procédé de la part des Français.

Pendant la session du congrès espagnol, le 9 avril, Son Excellence le ministre des relations extérieures avait déclaré « que le gouvernement de la reine approuvait les préliminaires de la convention de Soledad et la conduite patriotique du général Prim au Mexique ».

La même déclaration fut faite par l'assemblée des députés et par l'assemblée du Sénat.

Avant la rupture qu'il prévoyait, le général Prim eut l'honneur d'adresser directement à

Sa Majesté l'empereur des Français une lettre dans laquelle il lui disait loyalement son opinion sur le Mexique, et sa prévision d'alors s'est changée depuis en prophétie.

Voici la traduction fidèle de cette lettre devenue célèbre et reproduite dans toutes les langues :

Orizaba, 17 mars 1862.

Sire,

Votre Majesté Impériale a daigné m'écrire une lettre autographe qui, à cause des paroles bienveillantes qu'elle contient pour ma personne, sera un titre d'honneur pour ma postérité...

Sur le terrain des justes réclamations, il ne peut y avoir de divergences entre les commissaires des puissances alliées, et il y en aura encore moins entre les chefs des troupes de Votre Majesté et celles de Sa Majesté Catholique. Mais l'arrivée à Vera-Cruz du général Almonte, de l'ancien ministre Haro, du père Miranda et d'autres émigrés mexicains, mettant en avant l'idée de créer une monarchie en faveur du prince Maximilien d'Autriche, projet qui, à les entendre, doit être appuyé et soutenu par les forces de Votre Majesté Impériale, tend à créer une position difficile pour tous, et plus difficile et fâcheuse encore pour le général en chef des troupes espagnoles, qui, à teneur des instructions de son gouvernement, basées sur la convention de Londres, et presque les mêmes que celles données par le gouvernement de Votre Majesté à votre digne et noble vice-amiral La Gravière, se verrait dans le cas douloureux de ne pouvoir contribuer à la réalisation des vues de Votre Majesté Impériale, si ses vues sont réellement d'élever un trône dans ce pays pour y placer un archiduc d'Autriche.

J'ai de plus, Sire, la profonde conviction que, dans ce pays, les hommes à sentiments monarchiques sont très-peu nombreux, et il est logique qu'il en soit ainsi, puisque ce pays n'a jamais connu la monarchie en la personne des monarques espagnols, mais seulement en celle des vice-rois, lesquels gouvernaient chacun selon son bon ou mauvais jugement et ses propres lumières, et tous suivant les coutumes et le mode de gouverner les peuples à cette époque déjà éloignée.

La monarchie, ensuite, n'a pas laissé dans ce

pays les immenses intérêts d'une noblesse séculaire, comme cela a eu lieu en Europe lorsque, sous l'impulsion des tempêtes révolutionnaires, les trônes se sont parfois écroulés; elle n'a pas laissé non plus des intérêts moraux, ni rien de ce qui peut faire désirer à la génération actuelle le rétablissement de la monarchie, qu'elle n'a point connue, et que rien ni personne ne lui a enseigné à désirer ni à vénérer. Le voisinage des États-Unis et le langage toujours sévère de ces républicains contre l'institution monarchique ont contribué pour beaucoup à créer ici une véritable haine contre la monarchie. En dépit du désordre et de l'agitation constante, l'établissement de la république, qui a eu lieu il y a plus de quarante ans, a créé des habitudes, des coutumes et même un certain langage républicain qu'il ne serait pas facile de détruire.

Pour ces raisons et pour d'autres, qui ne peuvent échapper à la haute pénétration de Votre Majesté Impériale, elle comprendra que l'immense généralité de l'opinion dans ce pays n'est pas et ne peut pas être monarchique. Si la logique ne suffisait pas à le démontrer, cela serait suffisamment prouvé par le fait que, depuis deux mois que les drapeaux alliés flottent sur la place de Vera-Cruz, et *aujourd'hui que nous occupons les villes importantes de Cordoba, Orizaba et Tehuacan, dans lesquelles il n'est resté aucune force mexicaine ni d'autre autorité que l'autorité civile, ni les conservateurs, ni les partisans de la monarchie n'ont fait la moindre démonstration qui pût même faire voir aux alliés que ces partisans existent.*

Loin de moi, Sire, de supposer même que la puissance de Votre Majesté Impériale ne soit pas suffisante pour élever au Mexique un trône pour la maison d'Autriche. Votre Majesté dirige les destinées d'une grande nation, riche en hommes intelligents et valeureux, riche en ressources, et qui manifeste son enthousiasme toutes les fois qu'il s'agit de seconder les vues de Votre Majesté Impériale. Il sera facile à Votre Majesté de conduire le prince Maximilien à la capitale et de le couronner roi; *mais ce roi ne rencontrera dans le pays d'autre appui que celui des chefs conservateurs, qui ne songeaient pas à établir la monarchie lorsqu'ils étaient au pouvoir, et qui y songent maintenant qu'ils sont dispersés, vaincus et émigrés.*

Quelques hommes riches aussi admettront un monarque étranger qui arrivera soutenu par les soldats de Votre Majesté, mais *ce monarque n'aura rien pour le soutenir le jour où cet appui viendra à lui manquer*, et il tomberait du trône élevé par Votre Majesté comme tomberont d'autres puissants de la terre le jour où le manteau impérial de Votre Majesté cessera de les couvrir et de les défendre. Je sais bien que Votre Majesté Impériale, mue par son haut sentiment de justice, ne voudra pas forcer ce pays à changer d'institutions d'une manière aussi radicale, si le pays ne le désire et ne le demande pas de lui-même. Mais les chefs du parti conservateur, débarqués à la Vera-Cruz, disent qu'il suffira de consulter les classes élevées de la société, sans s'occuper des autres, et cela agite les esprits et inspire la crainte que l'on ne fasse violence à la volonté nationale.

La troupe anglaise, qui devait venir à Orizaba et qui avait déjà préparé ses moyens de transport, s'est rembarquée dès qu'elle a su qu'il arrivait un plus grand nombre de forces françaises que celui stipulé dans la convention. Votre Majesté appréciera l'importance de cette retraite.

Je demande mille pardons à Votre Majesté Impériale d'avoir osé soumettre à son attention une aussi longue lettre ; mais j'ai cru que la véritable manière de répondre dignement aux bontés de Votre Majesté pour moi était de dire la vérité et toute la vérité sur la politique de ce pays, tel que je le comprends. En le faisant, j'aurai non-seulement rempli un devoir, mais obéi aussi au grand, noble et respectueux attachement que je ressens pour la personne de Votre Majesté Impériale.

Comte DE REUS, général PRIM.

Le général Prim dit alors aux Français :

J'avais l'honneur d'avoir pour camarades les Français, je regrette d'être obligé de les quitter. Je les admire, je les aime, et je suis désolé de les voir s'engager dans cette voie. — Vous allez marcher sur Puebla, je pressens un malheur.

Il avait franchi l'Atlantique avec la seule mission d'obéir à son devoir. — Il fit embarquer ses troupes, en protestant en faveur de l'indépendance du Mexique.

Avant de rentrer en Espagne, il visita New-York, où lui fut offert à l'ambassade espagnole un magnifique banquet, auquel assistaient la plus grande partie des ministres plénipotentiaires européens, et un grand nombre de notabilités militaires et politiques. Il prononça un discours empreint du plus ardent patriotisme et du plus pur amour de la liberté. Les bravos enthousiastes qui accueillirent l'illustre général durent le récompenser par avance des accusations injustes que plus tard il allait avoir à supporter.

A son retour, il rendit compte de sa mission au Sénat, dont il prit l'attention pendant trois séances successives. Le cadre que nous nous sommes tracé ne nous permet pas, à notre grand regret, de reproduire les remarquables discours de ce sublime audacieux qui, à chaque pas de sa carrière militaire, a cueilli en passant une feuille de laurier... Son épée a brillé dans la mêlée, sur tous les champs de bataille où le drapeau de l'Espagne était engagé, depuis trente ans. Mais nous ne pouvons passer sous silence une des plus calomnieuses accusations, portées contre lui.

Un écrivain, qui jouit cependant d'une grande réputation, M. Ernest Dréolle, écrivait dernièrement ceci dans *la Patrie* :

L'Espagne a vu ses intérêts trahis, au Mexique, par l'ambition de son représentant, le général Prim, séduit par les promesses de son parent Doblado (ministre des affaires étrangères de Juarez).

Nous extrayons les passages suivants de la réponse du commandant espagnol :

Je ne m'arrêterai certes point à discuter le fond de la question mexicaine : je laisse à chacun le droit de l'envisager à sa guise.

L'histoire nous jugera tous plus tard, et il en sera comme on dit en France : « *Ceux qui ne réussissent pas ont toujours tort* ».

Sachez donc, monsieur, qu'à mon retour, et après avoir rendu un compte complet de ma mission, je n'ai été ni blâmé ni jugé, et par conséquent, ni puni, si bien que le pouvoir m'a débarrassé de toute responsabilité dans ma conduite au Mexique. Le dilemme donc est assez incontestable.

Le sénat et la chambre des députés, le ministère et les deux corps législatifs m'ont aussi approuvé, puisque *j'avais agi d'après les instructions précises de mon gouvernement.*

Dans le décret qui le relevait de ses fonctions de général en chef et de ministre plénipotentiaire, la reine le remercia de l'aptitude et de l'intelligence avec lesquelles il avait rempli son mandat, et lui accorda la plus grande marque d'estime qu'elle consacra en daignant tenir sur les fonds baptismaux la jeune fille du général Prim, qui fut baptisée dans la chapelle royale avec un appareil de pompe inusité.

A l'avénement du ministère Narvaez, le général Prim, cet adversaire loyal du maréchal, fut exilé de Madrid et de l'Espagne ensuite. Mais, quelque temps après, O'Donnell ayant repris les rênes du pouvoir, il rentra à Madrid.

Plus tard, le gouvernement, présidé par le maréchal O'Donnell, se déviant de son programme libéral, le comte de Reus crut devoir se séparer de son administration, et donna sa démission de directeur général du génie, bien que cette place n'eût rien de politique.

Roulant sur la pente réactionnaire, les élections devinrent impossibles ; ce fut alors que le parti progressiste résolut d'en appeler aux armes, vu l'inutilité de la lutte loyale dans les comices.

Le mouvement inauguré par Prim en janvier 1866 fut la conséquence de cette détermination dont le résultat a occasionné celui de juin, la chute d'O'Donnell, et l'état intolérable où l'Espagne se trouve en lutte pour se frayer une issue à travers la muraille de fer du despotisme qui l'étouffe.

La popularité de Prim était si grande, qu'il

était devenu le chef du parti progressiste, et, forcément, il devait être l'homme de l'action.

Bien des légendes ont circulé au sujet de la retraite du général : on a dit qu'il n'était point poursuivi, qu'on voulait lui laisser le temps de gagner la frontière.

La vérité est qu'au jour indiqué pour le grand coup qu'il méditait, le général, au lieu de se trouver à la tête des trois mille cavaliers qu'il attendait, se vit entouré de six cents hommes à peine. Quatre colonnes marchaient au devant de lui et le cernaient. Pendant vingt jours, avec sa poignée de soldats, le général sut, par des marches et contre-marches à travers les colonnes, se frayer un chemin. Ce n'était point une fuite, c'était une des plus étonnantes retraites.

Les soldats ne pensaient pas à eux, mais à leur général... « Abandonnez-nous ! s'écriaient-ils, votre vie est plus précieuse que la nôtre. Nous trouverons bien notre chemin sans vous. »

Et lui leur répondait :

« Mes amis, nous marcherons ensemble aujourd'hui et demain, jusqu'au jour où je vous aurai conduits au delà de la frontière. Nous entrerons ensemble en Portugal, ou nous mourrons ensemble sur la terre espagnole! »

Pendant ce temps, madame Prim était à Madrid, et, à chaque instant, elle entendait dire que son glorieux époux avait été pris et fusillé!... Quelle torture!

Le général Prim n'a pas été fusillé... parbleu! Les hommes de sa trempe ne meurent qu'après avoir dit leur dernier mot, et ce n'est point dans cette douloureuse retraite que devait tomber un héros qui marche au devant de la mort depuis trente ans, car il est toujours au plus fort de la mêlée.

Sur le champ de bataille, quand on demande :

— Où est le général Prim?

Le soldat espagnol répond :

— Regardez où est le danger, vous l'y trouverez.

Aussi, il électrise ses soldats et leur fait accomplir des merveilles de bravoure et d'audace.

Glorieux, riche, aimé, il a épousé une Mexicaine. Madame Prim est digne en tous points de son glorieux époux : à un tact exquis, elle unit une grande bonté d'âme et un esprit supérieur.

Prim a beaucoup voyagé, *tras los montes*, allant de Madrid à Paris, où il était écouté dans les salons, envié et admiré partout, de Londres à Rome, et de l'Allemagne à l'Écosse.

A Paris, il habitait dans les Champs-Élysées un appartement de penseur et de travailleur, étudiait, songeait à son pays, si beau et si malheureux.

Il a depuis peu passé la cinquantaine, mais il ne paraît pas avoir quarante-cinq ans. Il excelle à conduire un cheval avec une habileté sans pareille, le faisant glisser comme un serpent à travers tous les obstacles, sans efforts, à coups de mollets et de bride. Il dompte un cheval rebelle mieux que ne le ferait un *guancho* mexicain.

Prim fait fi de la vie dans le servage. Insoucieux du danger, s'il a cherché en France, puis en Belgique, un asile momentané, c'est qu'il se devait à sa cause, et que la conservation de son existence était indispensable à son soutien.

Mais au premier appel, il part, abandonnant tout ce qui lui est cher, suivi de son fidèle aide de camp intime, un brave auquel il a sauvé la vie et qui ne le quitte jamais.

« Je suis un homme franc et loyal », nous disait un jour le général Prim en nous serrant la main; et jamais noble visage n'exprima mieux que le sien la franchise et la générosité.

Son cœur excellent, auquel ne s'adressent jamais en vain ses compagnons de lutte moins fortunés que lui, est connu de tous ses compatriotes.

En Espagne, surtout dans la Catalogne et l'Aragon, sa popularité est immense; c'est plus que de l'admiration, c'est un véritable culte que ses compatriotes ont pour lui.

Avant d'esquisser la vie d'exil du général Prim, il est nécessaire de donner ici quelques renseignements exacts qui jetteront un peu de lumière sur l'état actuel de la malheureuse Espagne.

Les malheurs de l'Espagne sont venus surtout du fanatisme religieux et des Bourbons. L'union du trône et de l'autel est soutenue par une grande organisation théocratique et jésuitique, mélange incroyable des éléments religieux dont le centre est à Rome.

Depuis longtemps, il existe une lutte terrible entre la reine et le parti clérical d'une part, et toutes les fractions libérales de l'autre, sans que la réaction réussisse à triompher de ses ennemis d'une manière stable et à créer un ordre de choses normal par la soumission de ses adversaires, avec des lois et des institutions conformes à des principes et à des besoins.

La reine et tous les cléricaux qui l'entourent, quoique maîtres du pouvoir, n'ont pas le moindre appui dans l'opinion publique. Ce qui fait que, tout en tenant les rênes de l'État, les ennemis de la liberté se voient réduits à l'impuissance, que contre leur volonté ils doivent respecter la forme constitutionnelle, et qu'ils ne se hasardent pas à tenter un coup décisif pour en finir avec les manifestations de la vie politique, — légales manifestations qui leur sont toujours contraires.

Voici la classification et la situation respective des partis en Espagne :

Les *ultramontains*, que l'on appelle *néocatholiques*, sont les anciens carlistes qui dominent tout à fait la reine et se servent d'elle comme d'un instrument de leurs intérêts. Les chefs de ce parti sont : le roi, sœur Patrocinio, le père Claret, le père Cirilo, le général Pezuela, et quelques autres repentis comme Nocédal qui, après avoir été démocrate furibond, s'est converti au jésuitisme. Ce parti est organisé en sociétés qui sont publiquement connues sous les noms de *confréries* et associations religieuses du *Mois de Marie*, du *Cœur de Jésus*, de *Saint Vincent de Paul*, etc. Voilà les ennemis du progrès en Espagne, et surtout des institutions françaises.

Les *monarchistes constitutionnels* se divisent

en deux partis : le parti *modéré* et le parti *progressiste*. Le dogme politique du premier est divisé en deux fractions : les *conservateurs* et l'*union libérale*; pour celle-ci, le principe de la souveraineté repose dans le roi et dans les Cortès.

Les *progressistes* ont toujours proclamé le principe de la souveraineté nationale dans son acception la plus étendue. Le parti *modéré* est un assemblage de partisans de la bureaucratie et de la centralisation, de corrompus, d'agioteurs, de sceptiques, qui, parce que la reine est dévote, feignent de l'être également, à la condition de commander, mais qui n'ont pas et n'ont jamais eu la moindre chance de monter au pouvoir avec l'aide de l'opinion publique, et qui sont annulés lorsque la reine leur tourne les talons.

La fraction de ce parti, appelée *union libérale*, a voulu amalgamer *modérés* et *progressistes* en rendant ceux-ci moins radicaux, ceux-là moins conservateurs. Mais, comme il manquait un corps de doctrines connues, comme il n'y avait pas un système politique déterminé et correct, l'*union libérale* n'a pas eu la force d'attraction nécessaire pour l'absorption qu'elle désirait, et elle n'est parvenue qu'à affaiblir en quelque sorte le primitif parti modéré et le parti progressiste, sans pouvoir créer une force capable de dominer les tendances absolutistes et théocratiques de la dynastie, et sans obtenir autre chose que son propre discrédit.

Les chefs de la fraction *modérée* sont : Narvaez, Gonzales Bravo, Sartorius (aujourd'hui ambassadeur à Rome), en ce moment unis de corps et d'âme avec les chefs du parti *néocatholique*.

Les chefs de l'*union libérale* sont : O'Donnell, Serrano, Posada Herrera, Rios-Rosas, presque tous exilés, étant eux-mêmes victimes de la loi qu'ils firent, lorsqu'ils étaient au pouvoir, contre les libéraux.

Le parti *progressiste* est le grand parti populaire de l'Espagne. Il a été le réformateur des vieux abus dans les deux époques où l'opinion publique l'imposa irrésistiblement à la couronne.

Il voulut alors rétablir la dynastie, la populariser, l'identifier avec le progrès; mais tout fut inutile, et la famille royale paya d'ingratitude ses plus fidèles serviteurs.

Jamais le parti progressiste, malgré ses sacrifices pour le trône constitutionnel, ses services rendus au pays et à la dynastie, n'a été appelé au pouvoir par la couronne, et deux fois l'opinion publique l'a imposé à la reine, qui lui a donné le coup de grâce aussitôt qu'elle l'a pu.

Les hommes qui se trouvent à la tête du parti *progressiste* sont : le duc de la Victoire, Prim, don Salustiano Olozaga, Aguirre, Sagasta, Madoz, etc., etc., et d'autres personnages illustres tant civils que militaires. Ce parti est tellement poursuivi aujourd'hui que plus de dix mille personnes se trouvent dans les prisons (*presidios*), les colonies, à l'étranger, et les hommes les plus importants dans la littérature, la presse surtout, condamnés à mort ou *garote-vil*, supplice des grands criminels. Heureusement que ces honorables citoyens ont pu par l'exil échapper à cette odieuse condamnation.

La haine de quelques membres du parti progressiste contre la dynastie actuelle, l'ingratitude de cette dynastie des Bourbons envers le. parti progressiste, donnèrent lieu à l'opinion *républicaine*, qui ne devint réellement un parti qu'en 1854, connu sous le nom de *parti démocratique*. Mais en Espagne il n'y a pas vraiment un parti *républicain*, c'est réellement un parti ennemi de la dynastie et partisan d'une monarchie populaire basée sur les vœux de la nation; ce qui fait que les chefs du parti démocratique sont d'accord pour aider les chefs du parti progressiste, et que ces deux partis sont unis pour combattre la réaction et travailler à la régénération et à la dignité de l'Espagne. Les chefs de ce parti démocratique sont : M. Orense, marquis d'Albaïda, Bécerra, Emilio Castelar, Garcia Ruiz, Martos, don Manuel Ribero, et d'autres persécutés comme les progressistes.

Il n'existe pas de parti socialiste en Espagne. Il y a bien quelques individualités, mais inconnues, sans nom dans l'opinion et sans influence d'aucun genre.

Le parti progressiste comptait à Madrid quatre journaux : *la Iberia, las Novedades, la Nacion* et *la Soberania nacionale*, qui étaient les plus répandus en Espagne. La démocratie comptait trois journaux : *la Democracia, el Pueblo* (le Peuple) et *la Discusion*. Tous ces journaux et quelques-uns des provinces ont été supprimés par un arrêt du capitaine général. Enfin, toute la presse indépendante a été supprimée, et les directeurs, rédacteurs, poursuivis et condamnés à mort. De ce nombre, nous citerons : M. Sagasta, le savant directeur de *la Iberia*, M. Rubio, rédacteur, et M. Ortiz y Casado, gérant du dit journal. M. Montemar, directeur du journal *las Novedades* (les Nouvelles); M. Bécerra et l'éminent auteur de *la Sœur de Charité* (la Hermana de Caridad), M. Castelar, du journal *la Democracia*, sont également condamnés à la peine des parricides !...

Voilà comment le gouvernement du maré-

chal Narvaez entend la liberté de la presse
pour les journaux qui ont eu quelque indépendance.

Le parti théocratique est représenté dans la
presse par trois journaux : *el Pensamiento*
(l'entendement ou la pensée), *la Esperanza* et
la Regeneracion.

La fraction modérée, par *el Espagnôl, la Es-
pana* et deux autres moins connus.

L'union libérale, par *el Diario espagnôl* et *la
Politica.* Les directeurs et quelques rédacteurs
de ces deux derniers journaux ont été compris
dans les poursuites faites au Parlement par ordre
de Narvaez et Gonzales Bravo.

Les journaux réactionnaires sont les moins
répandus et naviguent toujours dans les eaux
des hommes qui gouvernent. Quelques-uns,
comme *la Epoca* et *la Reforma*, sont sans cou-
leur politique déterminée.

De tous les chefs du parti progressiste, Prim
est le plus populaire et le plus aimé. Sa réputation de *brave entre les braves* est universelle-

ment connue. Doué d'une aménité remarquable, il a su se faire estimer et chérir.

Après lui, les chefs les plus connus sont : MM. Olozaga, Sagasta, Aguirre, Madoz, etc., qui jouissent également d'une grande popularité justifiée par leurs actes.

Aux renseignements qui précèdent et qui expliquent d'une manière très-exacte la situation des partis en Espagne, il est loin d'être superflu de parler de la situation du pays par rapport à son gouvernement. Ces détails, qui intéresseront certainement, nous l'espérons, les hommes qui veulent étudier ce pays, ne nous écartent nullement de notre programme, si restreint qu'il soit, car ils expliquent la marche politique adoptée par le héros de cette notice, et dans le général Prim l'homme politique est à la hauteur de l'homme de guerre, — l'un et l'autre ont droit à nos éloges désintéressés et à l'admiration des amis de la liberté et du progrès.

La situation politique en Espagne est inroyable. Depuis longtemps, les conseils de guerre, les actes arbitraires du gouvernement, ont plongé le pays dans un effrayant état de torpeur. Tout le monde désire un changement radical et désire une révolution qui sera le salut du pays. De là, les arrestations arbitraires des populations en masse, de citoyens de toutes les classes de la société. De là, le changement continuel des chefs de corps, le changement des garnisons dans la crainte de l'entente des soldats avec le peuple. L'état de siége permanent, les conseils de guerre et cours martiales établis partout, la suppression des garanties constitutionnelles, voilà le pays depuis deux ans.

L'état financier du pays, c'est la conséquence logique de la situation politique. Les capitaux se cachent parce que les capitalistes ont peur.

L'agriculture déchoit, le commerce languit et l'industrie est paralysée, le travail ne va plus. L'Espagne, qui est un pays privilégié avec tous les éléments de richesses desquels il pourrait profiter avec un bon gouvernement et une bonne administration, est un pays perdu s'il n'éprouve immédiatement un changement radical dans son gouvernement.

Les travaux publics sont tout à fait paralysés, mais le gouvernement continue à faire des emprunts (qui ne lui réussissent pas toujours), car les caisses du trésor sont vides ; les employés ne sont pas payés, les caisses des régiments sont prises, et la reine doit plus de cent millions de réaux à l'État ; — c'est sans l'autorisation des Cortès que les ministres de la réaction ont prêté cette somme à leur souveraine. En présence de cette gêne, du manque de fonds dans toutes les caisses de l'État, sur la proposition d'un député, *on s'occupe de la reconstruction des couvents.*

L'enseignement vient d'être confié au clergé, ignorant et ennemi du progrès, des sciences physiques et mathématiques, parce qu'il dit que *c'est contraire à la religion.*

Il y a deux mois à peine, par économie, dit-on, on a supprimé le tribunal de commerce de Saint-Sébastien, ville maritime importante, et la légation en Suisse, qui sera désormais représentée par l'ambassadeur d'Espagne en France (1).

Tous ces faits produisent le marasme sous
l'arbitraire inouï. Il s'ensuit que la richesse
nationale disparaît, que les revenus du trésor
public diminuent de jour en jour, que les dépenses du gouvernement, de plus en plus arbitraire et centralisateur, augmentent.

Les contributions payées par anticipation ne
suffisent plus; de là, les divers emprunts onéreux, qui ne seront certainement pas payés par
le gouvernement réactionnaire, pas plus que les
anciens emprunts dus aux étrangers. Tout cela
rend le pays pauvre à l'intérieur et discrédité à
l'extérieur.

Une pareille situation est impossible. Si la
révolution politique ne réussit pas, eh bien! la
misère et la faim feront la révolution, et au lieu
d'une révolution morale et politique, ce sera
une révolution sociale qui amènera de grandes

(1) Au moment où nous mettons sous presse, Narvaez vient
de rappeler l'ambassadeur près la cour de Florence.

catastrophes pour l'Espagne et qui renversera à tout jamais le dernier trône des Bourbons.

Mais quels sont ces révolutionnaires (ainsi on les qualifie), ces énergies, ces victimes d'une réaction inique, emprisonnés ou exilés dans les lointaines colonies? Ces hommes sont les *libéraux progressistes monarchiques*, Prim en tête, qui veulent que le pays soit respecté à l'étranger et qu'une sage administration morale le fasse progresser et le rende digne d'une grande nation.

Le *parti progressiste* veut payer les dettes arriérées, faciliter l'industrie, rétablir les voies de communication, les rallier aux grandes artères des chemins de fer déjà établis, faciliter et encourager le commerce, et faire que l'Espagne, si riche par son sol, puisse exporter ses produits au lieu de rester tributaire de l'étranger, — en un mot, la rendre digne d'une grande nation.

Voilà le rêve de ces hommes, presque tous les supériorités de la science, des arts, de la littérature et de l'industrie, qui gémissent dans l'exil et voient sans cesse continuer les fusillades, les arrestations et les déportations.

Qu'on le sache bien, ce programme des progressistes n'est pas un vain mot; ils l'ont bien prouvé les deux fois que l'opinion publique les imposa irrésistiblement à la couronne. Et le trône d'Isabelle II ne serait pas sur le point de crouler, si cette reine eût eu plus de reconnaissance pour le parti qui l'a le plus puissamment aidée à régner.

Nous avons commencé cet ouvrage avec l'intention bien arrêtée de démentir la calomnie et de rendre aux faits la vérité si longtemps cachée. Nous n'hésitons pas à dire que si des écrivains de talent, en France, ont aussi violemment attaqué Prim et son parti, c'est parce qu'*ils venaient de recevoir ou devaient recevoir de Narvaez la décoration de Charles III ou d'Isabelle la Catholique*, prodiguées à tous les journaux à la dévotion du ministère de la réaction.

Avant de reprendre la suite de notre récit biographique — et si nous nous en sommes quelque peu écarté, c'était afin de donner quelques explications complémentaires et indispensables — nous devons à la vérité de dire que, possédant un esprit assez élevé, il est vraiment extraordinaire que la reine Isabelle ait pu si vite oublier ce qu'elle devait à la nation dont elle était l'élue populaire, puisque c'est pour sa conservàtion que le peuple espagnol a soutenu, pendant sept années, une lutte effroyable contre les partisans du droit divin.

Malheureusement, la reine Isabelle II, mal inspirée dans son choix des hommes du gouvernement, n'a fait qu'accabler de déboires cette nation généreuse et chevaleresque.

On ne peut trop le dire, toute réaction en amène tôt ou tard une autre. Là où la justice n'est plus impartiale, où elle ne siége qu'entourée de bourreaux et se complaît à répandre le sang; là où l'on proscrit en masse, où l'on peut impunément être assassiné par le premier venu, tous les liens sont rompus, chacun rentre dans le droit de défense naturelle, la société se dissout. L'Espagne, nous le craignons, va bien tôt être dans l'alternative du retour à l'état sauvage ou d'une catastrophe épouvantable.

A la vue du déplorable état dans lequel est plongé son pays, Prim a senti son cœur vibrer d'une généreuse indignation. Cette nature ardente et spontanée, animée par un cœur de feu, a longtemps et froidement réfléchi dans son exil, à Bruxelles, à ce qu'il fallait faire pour obtenir enfin le triomphe de la liberté, le triomphe de la souveraineté nationale.

Le spectacle des massacres juridiques, des vengeances particulières, la misère, compagne des proscriptions, tout cela n'a pu ouvrir les yeux à la reine Isabelle et lui faire adopter des mesures plus libérales en commençant tout d'abord par faire un choix de ministres intègres et capables. Eh bien! Prim et son parti ont décidé que tous leurs efforts tendraient désormais à renverser la reine pour la remplacer par un gouvernement qui serait l'élu de la nation.

On l'a écrit avant nous : Que les progressistes

triomphent ou soient anéantis à tout jamais, les jours de la dynastie des Bourbons sur le trône d'Espagne sont comptés.

Ce ne sera que la conséquence logique des actes de cette dynastie : chasser la liberté d'un pays, c'est le moyen de s'en faire chasser à son tour. C'est donc à Bruxelles, avec sa femme et ses enfants, qu'alla se fixer le général Prim après l'insuccès de sa tentative généreuse du mois de janvier 1866. Là, sa maison, sa table, son cœur et sa caisse étaient toujours ouverts à ses compatriotes malheureux.

Après avoir esquissé de la manière la plus succincte la vie militaire et politique du général Prim ; après avoir rendu compte de ses efforts persévérants pour la sainte cause qu'il défend : celle de la liberté et du progrès de son pays, et après avoir expliqué en quelques lignes seulement, mais d'une manière très-exacte, son programme, qui est celui de tout le parti progressiste espagnol, nous devons, comme historien consciencieux, non pas prendre sa défense dans les attaques injustes qui lui sont prodiguées en ce moment, mais faire connaître, sans les nommer, et autant qu'il nous est possible de le faire, ces hommes qui cherchent à flétrir une des plus grandes illustrations espagnoles au dix-neuvième siècle.

Nous ne doutons pas que ce sont des Espagnols émigrés qui, il y a quelque temps, s'étaient où paraissaient s'être associés de bonne foi avec le parti progressiste, qui soient en grande partie la cause que ce même parti progressiste ait éprouvé un nouvel échec cette année comme il en a éprouvé un en juin 1866.

Ces Espagnols égarés ou perfides... qui ont pris le journal *la Liberté* pour servir d'organe à leurs passions et à leur mauvaise foi politique, ont tout avoué dans un article faisant l'historique de la révolution du 22 juin 1866. Les lignes suivantes, publiées dans *la Liberté* du 4 septembre 1807, éclaireront nos lecteurs sur la loyauté de ces soi-disant démocrates :

Il y a un parti en Espagne, parti puissant, qui sait profiter des fautes des autres et *s'appuyer même sur les autres partis* EN SE FUSIONNANT PROVISOIREMENT AVEC EUX POUR ARRIVER : c'est le parti *démocratique.*

Fatalement, et quoi qu'on fasse, il est destiné à triompher un jour ou l'autre. Il est patient et *habile ;* il a de la constance et de l'énergie : il arrivera.

C'est ce même parti qui avait *fusionné déjà* avec Prim en juin 1866.

Le renversement de la reine était projeté entre les démocrates et les progressistes, et devait avoir lieu le 24 juin. *Mais ceux-là, craignant de voir les progressistes garder pour eux seuls le bénéfice de la chute d'Isabelle II, craignant les influences du militarisme que représente Prim,* PRÉCIPITÈRENT LES ÉVÉNEMENTS. Ce qui devait avoir lieu le 24 eut lieu le 22 juin.

On opéra sans ensemble (parbleu!). Bien des éléments qui devaient être prêts pour le 24 ne le furent pas pour le 22.

Le coup avorta.

Dans cette dernière insurrection (août 1867), *on découvrira peut-être des faits semblables.* Si l'insurrection est battue, *elle le sera peut-être pour des causes identiques à celles qui l'empêchèrent de triompher* en juin 1866.

ON AURA ACQUIS DE L'EXPÉRIENCE POUR L'AVENIR.

S'il y a quelque chose qui dépasse la mauvaise foi, — nous pouvons dire l'infamie d'une telle déclaration politique, c'est l'impudence et la maladresse inouïe de cette déclaration, révoltante pour tout homme de cœur.

———

Au moment où nous mettons sous presse, M. Bécerra, vice-président du comité démocratique espagnol à Paris, nous déclare qu'il ignorait la publication du dit article, qui ne peut être le fait d'aucun des chefs démocrates, et qu'il a l'intention de protester hautement (aussitôt que notre ouvrage sera publié) et contre les faits que nous rapportons en ce qui concerne l'affaire du 22 juin, et contre l'article de *la Liberté*.

Nous nous faisons un devoir d'aller au devant de la protestation de M. Bécerra. Nous la demandons énergiquement, — si dure qu'elle puisse être contre nous-même — la démocratie l'exige; l'honneur de tous les amis du Général Prim, quelle que soit leur opinion politique, le réclame autant que notre loyauté ! — Nous ferons remarquer que nos appréciations sur M. Bécerra étaient écrites avant que nous eussions l'honneur de le connaître personnellement.

Ainsi donc, le signal de l'attaque fut donné le 22 juin au lieu du 24, et la plupart des révoltés ne purent prendre part à la lutte dont le résultat devint si funeste aux malheureux progressistes, qui furent massacrés impitoyablement.

C'était au cri de : *Vive Prim!* qu'ils avaient pris les armes, c'était au cri de : *Vive Prim!* qu'ils recevaient la mort.

C'est à la suite de cette affaire que MM. Sagasta, Bécerra, Zorilla, Rubio, Pierrad, Contreras, Ribero et d'autres personnages illustres émigrerent ou furent condamnés au *garote-vil* ou à la déportation.

Ces mêmes hommes qui, à l'heure où nous écrivons ces lignes, continuent à calomnier, — toujours sous la rubrique d'une correspondance écrite de Madrid à *la Liberté* (que nous savons écrite de Paris), — Prim et son parti, dévoilent leurs propres turpitudes en faisant connaître des faits malheureux dont ils sont la première cause.

Dans toutes ces correspondances, après avoir inventé des faits arrivés soi-disant à Madrid, ils ajoutent : « Pendant ce temps-là, le parti démocratique pense à se reorganiser et à reprendre l'initiative ; et il paraît que, malgré les protestations du général Prim, il a persisté à ne plus le reconnaître pour chef, et qu'une rupture éclatante et définitive aurait eu lieu. Cette résolution est d'autant plus sage que les deux dernières tentatives — (celle de juin 66 et celle d'août 67, de laquelle nous allons parler plus en détail) — ont sapé par la base la popularité du comte de Réus, marquis de los Castillejos. La défaveur a gagné de proche en proche les rangs du peuple si longtemps dévoué au héros d'Afrique. »

Après la tentative de juin, Prim déclara alors à tous ses partisans qu'il ne voulait plus d'échauffourées comme celle-ci et celle de janvier de la même année, et qu'appuyé sur de grands moyens de réussite, il était décidé à pousser les choses jusqu'aux dernières extrémités, soit dans le succès, soit dans la défaite.

Pendant plus d'un an, il s'occupa activement de réunir tous les éléments qui devaient lui assurer le succès, et si le mouvement fut ajourné jusqu'au mois d'août 1867, c'est faute d'entente entre les différents chefs du parti progressiste et du parti démocratique.

La date du soulèvement général fut fixée au 16 août.

Les généraux Contreras, Pierrad, Milans del Boscn, Roger, le colonel Baldrich, commandaient es forces insurrectionnelles, composées de paysans, d'ouvriers, de bourgeois. armés pour la revendication de leurs droits civils et politiques, ce qui prouve combien le peuple était poussé à bout par les exactions de toutes sortes du gouvernement arbitraire, car, d'ordinaire, c'est toujours l'armée qui a donné le signal de l'insurrection.

Prim se réservait la direction générale du mouvement.

Avant de quitter Bruxelles, il avait eu une entrevue avec M. Bara, ministre de la justice, auquel il fit cette fière réponse, d'après plusieurs journaux :

Je comprends votre désir de connaître l'époque de mon départ. Mais si jamais je devenais ministre, et qu'un exilé se trouvât devant moi, comme je me trouve devant vous, je lui tendrais les mains au lieu de le placer sous la surveillance de la police.

On conçoit que nous n'ayons pas l'intention de raconter dans leurs moindres detto tous les incidents de l'insurreccion récente. Il serait trop long d'énumérer tous les faits accomplis de part et d'autre. Le temps de les juger n'est pas venu encore. Ils feront l'objet d'un travail spécial, et, pour l'écrire, nous amasserons précieusement tous les matériaux qui nous montreront les hommes et les choses sous leur vrai jour. En attendant, bornons-nous à dire quelques mots sur cette grande manifestation populaire, qui préoccupe vivement les esprits à l'heure qu'il est.

Nous donnons les deux proclamations adressées par le général Prim au peuple et à l'armée. Elles prou.ent bien le caractère chevaleresque et patriotique de l'héroïque enfant de la Catalogne.

Voici la proclamation au peuple :

Espagnols, l'heure est venue de combattre et d'en finir d'un seul coup avec ceux qui vous oppriment. La dignité de la patrie l'exige, le triomphe de la liberté le réclame. Le désir seul d'assurer le succès a pu nous empêcher de livrer plus tôt la bataille.

L'immoralité dans les sphères élevées, soutenue par l'adulation officielle, et le despotisme officieux ont rendu indispensable un changement radical dans les destinées de notre patrie.

Il n'y a rien de plus dangereux ni de plus dommageable que les émeutes. Il n'y a rien de plus grand, de plus juste que les révolutions, lorsqu'elles sont commandées par la misère du peuple et les souffrances de l'armée, quand l'oppression a atteint les limites de la tyrannie et que le désordre est venu s'ériger en système.

L'agriculture souffre, le commerce languit, l'industrie agonise, la presse et la tribune sont condamnées au mutisme.

Tout ce que l'Espagne a d'intelligent et d'actif se sent monter la rougeur au front en regardant sa patrie.

Il n'y a pas de torture qu'on ne pratique, pas de loi qu'on ne foule aux pieds, pas de tribunal qu'on n'intimide pour étouffer les cris de l'opinion indignée et exploiter tranquillement, à l'ombre de paroles qui ne répondent pas aux faits, le peu de ressources dont puisse encore disposer le pays. C'est un contraste horrible que celui des débordements (*bacanales*) et les menaces de ceux qui commandent, avec les larmes des déportés ou des condamnés aux présidios et avec le bruit des décharges faites sur ceux qui sont impunément fusillés.

La révolution est l'unique remède à tous nos maux.

Elle convoquera des Cortès constituantes au moyen du suffrage universel. La liberté, fille du droit, le droit, incarnation de la justice, la justice, conséquence de la loi exactement appliquée: voilà le principe sur lequel doit se fonder le nouvel ordre de choses, après la destruction de celui qui existe. — L'abolition de l'odieuse contribution sur la consommation, la suppression de la conscription (*las quintas*), sans blesser les intérèts directs de la partie respectable de l'armée, la réduction des contributions au chiffre que l'on peut demander au peuple sans attaquer la production, sans paralyser le développement de la richesse; l'unité dans l'administration de la justice, l'abolition des priviléges, l'administration mise au service des citoyens avec une responsabilité qui rende impossible sa négligence (*holgazaneria*), son ignorance et son arbitraire, les tribunaux de justice placés au-dessus de toutes causes de dépendances, voilà ce qui, avec de bonnes lois immédiatement mises à exécution, doit transformer la face de notre pays.

La tolérance pour toutes les opinions, le respect pour tous les droits légitimement acquis, et la destruction de tout ce qui a été fait à l'ombre de l'intrigue, sous le voile du mystère et à la faveur de la trop longue patience de la nation : tels seront les moyens de dégager le chemin.

Les récompenses de tout genre accordées au talent et à la vertu au lieu de l'être à l'adulation et à l'intrigue, sentiment puissant qui, ouvrant nos horizons et imprimant une nouvelle tendance à l'activité de notre population, fera d'elle ce qu'elle doit être au dix-neuvième siècle et la fera vivre de la vie de l'Europe civilisée.

La libre expression de la pensée et le droit de réunion et d'association comme moyen de faire connaître les idées, la liberté du suffrage pour les unifier, la liberté de la tribune pour les convertir en lois, de sorte que les gouvernements soient le produit de l'opinion publique, tel sera le couronnement de notre œuvre quand nous serons sortis de la période révolutionnaire.

Aux armes donc, compatriotes! un petit effort de la part de chacun, et bientôt seront tombées les influences despotiques (*las influencias despoticas*) des campagnes, les camarillas des villes et la tyrannie de Madrid.

Aux armes! et ayez pleine confiance dans le succès : jamais la vie des mauvais gouvernements (*gobiernos malos*) ne va plus loin que ne le permet la résignation mise à bout des peuples.

Vive la liberté! Vive la souveraineté nationale!

JUAN PRIM.

La proclamation à l'armée est le digne pendant de ce programme chevaleresque, populaire et convaincu ; elle n'est pas moins entraînante et éloquente ; en voici la fidèle traduction :

Soldats! vous devez répondre à la voix du pays, qui demande la révolution. L'armée espagnole a été, à toutes les époques de notre glorieuse histoire, le plus grand ennemi des tyrans, le plus ferme appui des droits et de la liberté de ses concitoyens. Faillira-t-elle à sa tradition dans ces moments solennels? J'ai une multitude de preuves, une infinité de renseignements qui me permettent de supposer le contraire.

Camarades! prenez vos armes pour vous unir à vos pères et à vos frères. Faites entendre le même cri qu'eux. Leurs intérêts sont les vôtres, leurs aspirations celles de tous les bons Espagnols. Si les plaintes de l'opinion indignée ne rendaient une révolution nécessaire, elle serait indispensable en présence des injustices et des mesures arbitraires dont l'armée est victime. Il faut en finir; il faut absolument qu'une nouvelle ère de réparation et de justice commence pour l'armée; qu'à l'esprit de coterie succède l'appréciation du mérite, à l'intrigue les services, et aux noms les droits à l'avancement.

Chefs, officiers et soldats! accomplissons tous notre devoir, écoutons le cri de notre conscience, et entendons les plaintes de nos concitoyens; et, si vous devez être les premiers à recevoir les récompenses que vous aurez méritées, vous serez les derniers à aller vous reposer au sein de vos familles, recevant les bénédictions des populations reconnaissantes et rencontrant un admirateur dans chacun de vos compatriotes. Une armée ne prouve jamais mieux sa valeur que lorsqu'elle sait distinguer ce que son devoir lui commande dans des circonstances anormales, et ce qu'attend d'elle la patrie blessée dans tout ce qu'elle a de plus cher et de plus sacré.

Soldats! si la discipline oblige à défendre les bons gouvernements, elle ne peut pas exiger qu'on serve d'appui à la tyrannie. Si elle ordonne de combattre les émeutes, elle ne veut pas qu'on méconnaisse la voix des révolutions légitimes.

Soldats! vive la liberté! vive la souveraineté nationale!

JUAN PRIM.

Commenter ces fières proclamations, qui convient les peuples à prendre les armes pour la défense de leurs droits méconnus et usurpés, ce serait les amoindrir. Nous nous bornons à les reproduire en les faisant suivre du résumé de celle du capitaine général de la Nouvelle-Castille, Rafaël Magalde y Villerego, agissant d'après les ordres du ministère Narvaez. Nos lecteurs jugeront de quel côté résident le droit et la justice.

Un conseil de guerre en permanence sera chargé de juger les progressistes pris les armes à la main.

Sera puni de mort non-seulement quiconque prendra les armes contre le gouvernement, mais encore quiconque, directement ou *indirectement*, contribuera, *de quelque manière que ce soit*, à l'altération de l'ordre public, et, pour ce fait, sera réputé fauteur de rébellion.

Sera également puni de mort quiconque secondera les rebelles en favorisant les plans de rébellion, ou leur donnera asile en trompant les recherches de ceux qui seront envoyés à leur poursuite...

Et *la Patrie*, dans un de ses numéros de la fin d'août dernier, publiait ceci :

Nous avons encore, pour mieux faire juger du *libéralisme* des chefs insurgés, DES DOCUMENTS ORIGINAUX très-intéressants : ce sont des proclamations de Pierrad et de Contreras, entrant dans de pauvres villages et procédant aussitôt à des levées de contributions en argent et en nature.

Ces proclamations sont courtes, et la formule n'en est pas variée. Elles commencent toutes ainsi : « *Sera fusillé* quiconque ne livrera pas, etc. » Pour un cheval, pour un mulet, pour quelques piastres, le *libéralisme* des insurgés n'hésitait pas. Ne pouvant brûler de la poudre contre les soldats de l'armée, on en brûlait contre les habitants inoffensifs des villages.

Vraiment ! *la Patrie* possède ces *documents originaux ?...* Elle a eu tort alors de ne pas les publier entièrement, comme preuve à l'appui de sa polémique ardente dirigée contre Prim et ses amis. Quant à nous, nous déclarons fermement que Pierrad et Contreras n'ont jamais écrit ces proclamations dont *la Patrie* ne peut même avoir la copie. Le caractère chevaleresque de ces deux généraux est trop connu pour qu'on puisse les accuser d'une chose aussi infâme, que Prim n'eût pas manqué de désavouer immédiatement.

Au contraire, tous les récits s'accordent à témoigner de la conduite exemplaire des chefs insurgés et de leurs troupes, *qui ont toujours été payées très-régulièrement,* et si des villages ont fourni des subsides aux progressistes, c'est par des souscriptions *volontaires* et spontanées que ces subsides ont été réalisés.

Voici la vraie proclamation du général Contreras :

Catalans,

Nous ouvrons aujourd'hui la campagne par le cri magique de : Liberté!

Pareil cri éclatera en ce moment solennel à Valence, Aragon et autres provinces, et de tous côtés s'élanceront dans la mêlée les bons Espagnols, qui ne peuvent supporter un instant de plus le joug qui les opprime.

Catalans, aux armes!

Vos inaccessibles montagnes, le cours impétueux de vos torrents vous rendent invincibles. Un léger effort de votre part, et la victoire couronnera tant de sacrifices! Sauvons la patrie de l'abjection dans laquelle elle se trouve.

Catalans, vive la liberté! vive la souveraineté nationale!

JUAN CONTRERAS.

Les journaux officieux ont violemment reproché au général **Prim** de ne s'être pas mis directement à la tête des troupes insurrectionnelles.

Voici la réponse d'un officier espagnol interrogé sur ce point :

Pour parler ainsi, il faut n'avoir nulle notion d'une guerre de guérillas ou d'une guerre civile en Espagne. Ç'a toujours été une habitude pour es chefs d'insurrections de ne pas paraître au grand jour avant un pronunciamiento quelconque ou un soulèvement du peuple d'une certaine importance. C'est ainsi que les choses se passèrent avec don Carlos, car, bien que la guerre civile éclatât dans l'automne de 1833, don Carlos ne se montra qu'en 1834.

Qui donc, parmi ses compatriotes, oserait accuser Prim de lâcheté et de trahison envers ses partisans, lui qui, hier encore, depuis le mois de janvier 1866, *fournissait de ses propres deniers des subsides d plus de trois mille malheureux progressistes exilés.*

Rentré en France le dernier, le brave colone Baldrich écrivit à ses compagnons d'armes la belle proclamation dont nous traduisons les passages les plus remarquables.

Catalans,

En vous quittant la semaine dernière, je vous ai promis de vous adresser mes salutations aussitôt arrivé sur le sol étranger. Je viens aujourd'hui vous tenir ma promesse, et les quelques mots que je vous adresse seront les adieux francs et nobles d'un rude soldat qui a consacré toute sa vie à la cause de la liberté et à l'agrandissement de sa patrie !

Je remercie tout d'abord de tout mon cœur les valeureux et honnêtes citoyens qui, dès le premier jour de notre dernière campagne, se sont voués au service de 'la noble cause que nous défendons pour conquérir la liberté de la patrie. Vous avez tous combattu comme des hommes libres et bons. Si nous avons été forcés de déposer les armes, personne ne pourra vous discuter ni le courage que vous avez déployé, ni l'exemplaire honnêteté dont vous avez donné des preuves éclatantes. On a essayé de nous déshonorer en nous calomniant, — mais ç'a été peine inutile; — les honteuses épithètes dont on a voulu nous accabler, sans nous atteindre, nous les renvoyons au front des misérables qui n'ont pas craint de se salir dans le crime pour essayer de nous déshonorer.

Le capitaine général de la Catalogne, M. le comte de Cheste, a fait mettre en liberté le forçat connu dans le pays sous le sobriquet de *el Perrot de Borga* pour l'envoyer auprès de nous en qualité de volontaire, et pour le mettre à même de pouvoir assassiner le chef des forces libérales...

Ce fait épouvantablement odieux doit être à tout jamais rappelé dans l'histoire! Honte et opprobe aux ignobles citoyens qui ont voulu souiller ainsi le nom espagnol!

Si nous avons déposé les armes, je ne saurais accuser personne; — il y avait beaucoup de personnes qui s'étaient engagées à prendre les armes au mouvement, et qui n'ont rien fait. Ce n'est pas le moment d'accuser personne, — un jour la lumière se fera; — en attendant, sachez que si le général Prim n'est pas venu se mettre à notre tête, ce n'a pas été de sa faute, mais des obstacles qu'il a rencontrés sur son chemin, — obstacles qu'il était impossible de prévoir et encore plus impossible de surmonter.

Je m'arrête. Laissez-moi vous dire pour terminer que tant que la patrie restera sous le joug de l'ignorance, de l'hypocrisie et de l'immoralité, je serai toujours à votre disposition, et toujours prêt à sortir mon épée pour vous conduire au combat et pour arroser de mon sang le beau sol de notre très-chère Catalogne.

El Coronel,

Gabriel BALDRICH.

Paris, le 22 septembre 1867.

Lorsque Contreras et sa troupe furent contraints de passer la frontière et de rendre les armes aux autorités françaises, les insurgés se tournèrent spontanément vers l'Espagne, criant avec enthousiasme et à plusieurs reprises : Vive la liberté ! vive Prim ! vive la France !

N'était-ce pas la plus belle protestation en faveur du chef de l'insurrection de 1867?

Un gouvernement provisoire et parfaitement organisé a toujours payé très-régulièrement et très-exactement la solde des soldats de l'insurrection. Ce gouvernement provisoire devait entrer en fonctions aussitôt après la prise d'une ville importante, ce qu'attendait le général Prim, qui est bien réellement entré trois fois en Espagne, avant de se mettre à la tête de toutes les forces.

Il est évident que si la révolution n'a pas encore triomphé, c'est parce qu'on a manqué d'unité, comme dans le mouvement du 22 juin 1866. Les démocrates se battaient pour la république, et Prim se battait pour l'élévation au trône d'un roi constitutionnel qui fut l'élu de la nation.

Nous l'avons dit plus haut, notre intention n'est pas de raconter ici les événements d'août

1867, mais seulement d'expliquer le programme des libéraux.

Il ne faut pas en douter, Prim, qui est déjà l'objet des plus violentes accusations, — *ceux qui ne réussissent pas ont toujours tort*, — fera connaître sa conduite et n'hésitera pas, à son tour, à faire justice de tous les gens qui, s'étant engagés à le suivre jusqu'au bout, l'ont traîtreusement abandonné au milieu de l'action.

Les mêmes correspondances soi-disant démocratiques dont nous avons parlé et les mêmes journaux officieux ont osé dire « qu'une réunion de progressistes avait eu lieu à Paris pour juger la conduite du général Prim, hautement accusé de trahison par ceux qui ont joué un rôle dans la dernière insurrection ».

Sa conduite a été si peu blâmée, qu'une lettre a été adressée à la *Patrie* et signée par trois personnages des plus éminents de l'émigration, pour protester contre les attaques si malveillantes dirigées contre le chef du parti progressiste. Parmi les trois signataires de cette lettre, se trouvent M. Becerra et M. Eugenio Garcia Ruiz, deux démocrates les plus honorables et les plus de bonne foi que l'on puisse rencontrer, et qui ont su apprécier à sa haute valeur la conduite de l'homme duquel nous donnons, — avec preuves à l'appui pour ceux qui seraient tentés de nous contredire, — les titres qui en font de plus en plus chaque jour un héros de notre histoire contemporaine.

Nous reproduisons avec plaisir cette lettre dont le caractère officiel est un document important pour montrer toute l'authenticité des faits que nous avons entrepris de raconter :

A monsieur le rédacteur en chef de la Patrie.

Nous avons lu les lignes qui ont passé il y a quelques jours dans *la Patrie*, dans lesquelles vous prétendez qu'une réunion d'émigrés a été convoquée à Paris pour juger la conduite du général Prim pendant les derniers événements qui ont eu lieu en Espagne.

Nous sommes, monsieur, de ceux qui ont provoqué cette réunion. Notre position dans le parti libéral de notre pays nous imposait le devoir de le faire. Elle n'avait pas pour but de juger le général Prim, dont le caractère, éprouvé en mille circonstances, est au-dessus de tout soupçon; il s'agissait simplement de mettre ceux de nos coreligionnaires politiques présents à Paris au courant des événements et des causes qui avaient fait échouer le dernier soulèvement.

Personne, nous vous l'affirmons sur l'honneur, n'a prononcé le mot de trahison. Qui de nous, du reste, songerait à l'appliquer à l'illustre général qui a donné tant de preuves de dévouement à la cause de la liberté espagnole?

Le résultat de cette réunion a été, au contraire, quoiqu'il ne se fût pas agi de cela, de démontrer une fois de plus que le général Prim est toujours le patriote courageux et persévérant qui ne recule devant aucun sacrifice pour contribuer à l'affranchissement de son pays.

Si nous n'avons pas protesté plus tôt contre les bruits dont votre journal s'est fait l'écho, c'est que nous ne lisons que rarement *la Patrie* et que nous n'habitons pas tous Paris. Il a donc fallu du temps pour connaître l'attaque et signer la réponse.

Nous aimons à croire que votre bonne foi a été surprise par des renseignements inexacts, et c'est dans cette pensée que nous vous adressons cette rectification, avec prière de l'insérer dans votre prochain numéro.

Agréez, monsieur, l'assurance de notre considération.

Paris, le 20 septembre 1867.

Manuel Ruiz Zorrilla, Eugenio Garcia Ruiz, Manuel Becerra.

Nous ne résistons pas au désir de reproduire aussi un éloquent article publié dans *le Courrier français* du 28 septembre sous la signature de M. Carlos Rubio, l'un des rédacteurs les plus distingués de *la Iberia*, aujourd'hui en exil et condamné au *garote-vil* pour ses opinions libérales et ses écrits patriotiques :

Paris, 25 septembre.

J'ai vu avec peine, bien que sans surprise, que différents journaux français dirigeaient depuis quelque temps des attaques plus ou moins directes contre le général Prim, au sujet de sa conduite pendant la dernière insurrection espagnole, et lui demandent des explications qu'il ne pourrait sans doute donner sans être lui-même délateur.

Si ces accusations, que la mauvaise foi des uns, l'ignorance des autres répandent à torrents, n'attaquaient que la personnalité du général Prim, notre vaillant chef et ami, je les laisserais peut-être passer, quoiqu'à regret, craignant de l'offenser en prenant sa défense pour laquelle il possède, à un suprême degré, intelligence, cœur et épée ; mais grâce à l'expérience politique que j'ai acquise chèrement, j'ai cru découvrir que les vues de ces détracteurs s'étendaient plus loin, et, que ce n'était pas seulement pour abaisser le prestige du général, mais bien pour atteindre et tuer l'unité révolutionnaire, ce à quoi concourent :

1° Les réactionnaires qui veulent tenir l'Espagne sous leur joug, le couteau sur la gorge ;

2° Les ambitieux, envieux et ignorants, qui craignent pour eux seulement le jour de la révolution et que la peur seule dirige ;

3° Ceux qui oublient qu'en politique, pour produire quelque chose, il faut avant tout unir l'action à la pensée, et qui ne voient dans la destruction du prestige du général qu'une épée rompue qu'ils détestent avec fanatisme, sans se rendre compte de ce que vaut, de ce qu'a fait cette épée.

4° Ceux qui, ne comprenant pas le véritable esprit du mouvement révolutionnaire en Espagne, — le mouvement des mitraillés de 1856 (les représentants de la souveraineté nationale) contre les mitrailleurs (les représentants du droit divin et des priviléges féodaux), — veulent séparer le parti *démocratique* (la théorie) du parti *progressiste* (la pratique). ce qui est en Espagne vouloir séparer l'âme d'avec le corps, et enfin qui supposént que le parti progressiste cessera d'être le jour où le général Prim sera mort moralement ;

5° Ceux qui espèrent qu'en dissolvant l'armée progressiste, de nouveaux soldats viendront se ranger sous le drapeau de l'*union libérale ;*

6° Enfin, les prophètes *à posteriori* qui vous disent comme au joueur ruiné : « Ce n'était pas sur cette carte que vous deviez engager votre fortune, mais bien sur l'autre. Vous êtes donc un ignorant. » Ceux-là font pitié.

Si mes soupçons sont fondés, et afin que les gens candides ne se laissent pas prendre au piége qu'on leur tend, je prends la plume pour exposer quelques observations, faisant abstraction d'une question que tout le monde fait : « Pourquoi le général Prim n'a pas été en Espagne, quand d'autres y ont combattu en son nom? » — Je ne puis vraiment croire qu'un homme de raison, qui a quelque expérience politique, puisse faire de bonne foi une telle question, sachant que le général partit de Bruxelles pour aller en Espagne, qu'il resta vers ou dans cette contrée plusieurs jours, que la plupart des promesses ne furent pas remplies par ceux qui s'étaient engagés envers lui et la révolution, et qu'il suffit souvent d'un incident le plus futile en apparence pour faire avorter le plan révolutionnaire le mieux conçu, que le courage du général ne peut être mis en doute, et que tout son avenir est engagé dans la révolution.

On peut donc répondre à ceux qui demandent pourquoi le général Prim n'a pas été en Espagne? Parce qu'il n'a pu y entrer malgré des efforts surhumains.

Je supplie toutes les personnes impartiales de se fixer sur les considérations suivantes :

— La révolution en Espagne est-elle nécessaire?... Sûrement que sur seize millions d'Espagnols, quinze millions répondront « Oui ». Et pour faire la révolution est-il nécessaire qu'un chef militaire se mette à la tête? Celui qui, comme moi, conspire depuis 1856, et qui a acquis une grande expérience des faits et causes de la révolution légitime, affirmera qu'un chef militaire est indispensable.

Pouvons-nous faire aujourd'hui une révolution, un mouvement militaire en faveur des mitraillés de 56, sans compter sur le général Prim? Je crois que non. Que ceux qui croient le contraire me donnent le nom du général ou citoyen civil que les troupes suivraient mieux que Prim....

Ceux qui ont vu le marquis de los Castillejos sur le champ de bataille, se chargeront de répondre si l'on peut douter de sa vaillance.

Peut-on encore plus douter qu'ayant compro-

mis dans la révolution son nom, son avenir et
la fortune de ses enfants, personne plus que lui
soit intéressé au triomphe de la révolution?

— Eh bien! les choses étant ainsi, n'est-ce
pas servir la contre-révolution que d'abaisser le
prestige du général Prim? N'est-ce pas se faire
complice des réactionnaires et passer dans les
rangs des ennemis du progrès et de la liberté?

Je suis certain que toutes les personnes de
bonne foi auxquelles s'adressent ces questions,
répondront qu'en vue des circonstances actuelles,
elles concordent à croire que, quand même le
général Prim eût manqué à ses engagements, —
ce qui n'est pas, c'est au contraire envers lui
qu'on a manqué — nous devrions tous, les amis
de la liberté et de la Révolution, cacher sa faute,
s'il l'eût commise, comme l'on cache la blessure
d'un général sur le champ de bataille au moment
de l'action.

Ces personnes conviendront encore davantage,
que le calomnier ainsi, quand on sait qu'il a fait
tout ce qu'il était possible de faire, c'est com-
mettre une infamie envers l'homme, une trahison
envers le parti.

Que l'on considère que non-seulement les Espagnols, mais encore beaucoup d'étrangers, ont intérêt à ce que la Révolution triomphe, car lorsque, sous l'impulsion de la loi du progrès qui commande l'unité, il s'organisera au nord des nationalités gigantesques et menaçantes, sera-t-il indifférent pour les peuples de la race latine d'avoir une arrière-garde, un boulevard au lieu d'un désert !

Lorsque les élus de la science politique, pénétrant prophétiquement l'avenir, verront la lutte des continents succéder à celle des nations, pourra-t-il être indifférent pour l'Europe que la Péninsule ibérique, appelée par son histoire, par ses traditions, par son idiome, et jusque par sa position géographique, à servir de lien entre les deux mondes, soit un vigoureux Croisé des idées nouvelles, au lieu d'un gnome cataleptique enfermé dans un tombeau du treizième siècle ?

De plus, il est de ces mesures que la Révolution seule peut prendre, et qui doivent intéresser les nations étrangères. Je pourrais en citer beaucoup, mais je ne donnerai qu'un exemple.

Tout le monde sait que, grâce à la politique ecclésiastique de la maison d'Autriche, et à la politique domestique de la maison de Bourbon, l'Espagne ne possède que le tiers des populations qu'elle devrait avoir, et plus de terres incultes que de terres cultivées.

Eh bien ! que l'on accorde gratuitement des terrains à tous les colons étrangers qui voudraient exploiter notre sol si fertile.

Que l'on accorde des garanties aux capitalistes espagnols et étrangers qui aideront la colonisation.

Que l'on concède à ces colons toutes les libertés, depuis la liberté du commerce jusqu'à celle de conscience.

Que l'on assure ces libertés par des traités internationaux, et, en peu d'années, la population et la richesse de notre Péninsule auront doublé. Beaucoup d'étrangers, que notre intolérance religieuse éloigne aujourd'hui, y trouveront de plus grands avantages encore qu'aux États-Unis, et leurs capitaux y trouveront aussi d'avantageux placements.

Nous sommes donc, Espagnols et étrangers, tous intéressés au triomphe de la révolution espagnole. Et, en conséquence, je supplie les uns et les autres de se mettre en garde contre la guerre que lâchement on veut nous faire. Qu'ils n'écoutent, ne croient et ne répandent pas les attaques dirigées sourdement contre le général Prim et son parti.

Puisque nous avons encore échoué cette fois, au lieu de perdre du temps en récriminations et lamentations inutiles, tâchons de le rattraper, de revenir à la charge et de vaincre ! En ne manquant pas de foi et d'union, nous réussirons sûrement.

Nous avons été vaincus une fois de plus. Souvenez-vous que nous sommes les fils du général *No importa*, et n'oubliez pas la maxime du cardinal Ginierez de Cimeros : *Celui qui ne cède jamais fait céder les autres.*

Laissons les murmures et les larmes aux femmes et aux enfants. Soyons de véritables hommes, nous deviendrons des héros ! Courage donc et en avant ! Celui qui se laisse abattre dans les revers n'est pas digne d'être vainqueur. Sachons bien que, de toutes les vertus civiques, les plus nécessaires en politique sont la patience et la constance.

Carlos Rubio.

Les délateurs, quels qu'ils soient, emploient tous les mêmes moyens pour répandre le mensonge et la calomnie. Dans une lettre datée de Barcelone (toujours écrite de Paris), ils faisaient dire à *la Liberté* du 27 septembre :

Quant au général Prim... où est-il?... que fait-il?... Nul ne le sait *ici*. Sa sœur, qui habite Barcelone, assure qu'il ne voulait pas le soulèvement, qu'il n'y a pris aucune part, que tout s'est fait malgré lui, que ce sont ses ennemis qui, sous son nom, ont publié des proclamations auxquelles il était étranger, que, lorsqu'il parlera, on saura qu'il est à l'abri de tout reproche, etc.

On se demande avec surprise comment un journal qui se nomme *la Liberté* peut se faire l'écho de telles turpitudes dont la naïveté sans égale empêche qu'elles puissent être crues un seul instant.

Oui, le général Prim parlera, il a déjà parlé, et son manifeste, que nous donnons à la fin de notre histoire, sera la suprême et irréfutable justification des violences et des calomnies dont il a été l'objet.

Mais nous sommes heureux de publier quelques faits encore inconnus qui rentrent dans notre cadre historique et protestent hautement contre la malveillance inouïe répandue contre le héros de notre brochure.

On n'a jamais su, et on a toujours douté que le général Prim fût à son poste lors des événements du mois d'août. Nous tenons des détails des plus authentiques d'un homme de dévouement et d'action, présent à toutes les affaires, et certes! si nous le nommions, on s'inclinerait devant les faits énoncés par lui, et dont voici le résumé.

Les progressistes ont éprouvé un troisième échec, et, dans de telles circonstances, on l'attribue généralement à des combinaisons injustes et malveillantes, desquelles personne ne veut assumer la responsabilité, ce qui donne ainsi un immense argument, malheureusement trop juste aux yeux du vulgaire ignorant, en faveur du vainqueur.

Voici en quelques mots la pure vérité :

Tout était parfaitement combiné. Le soulèvement de Catalogne devait être appuyé par celui de la Commendencia des carabiniers d'Aragon, des provinces Basques et de Navarre, et aussitôt que la nouvelle de l'insurrection serait propagée, les garnisons de presque toute l'Andalousie et d'autres provinces devaient suivre le mouvement.

Les choses étant ainsi, le 15 août fut désigné pour le soulèvement général.

Le général Prim devait entrer par l'Aragon à la tête des carabiniers, mais peu de jours auparavant on reçut des nouvelles officielles des plus importantes villes de l'Espagne, entre autres de Valence, dont la garnison assurait qu'elle était dans les mêmes dispositions et garantissait le succès si le général Prim se présentait devant cette capitale ; le mouvement serait alors général et offrirait les meilleures chances de résultat.

En présence d'une telle déclaration, un con-

seil se réunit (*junta del Sobierno*), et il fut décidé que le général Prim irait vers ce point, que
le général Pierrad prendrait le commandement
des carabiniers d'Aragon, et que le général Contreras et le colonel Baldrich se mettraient à la
tête des forces de la Catalogne.

La junte, en prenant une telle décision, crut,
comme tous le crurent également, que, si Valence
exécutait ponctuellement ce qu'elle avait promis de faire, les principales villes du littoral, —
l'une d'elles étant commandée par le général
La Torre, — se soulèveraient facilement, et que
le général Prim, dans ce cas, à la tête de deux
escadrons de cavalerie et deux bataillons de
chasseurs, irait sur Tarragone, y organiserait les
forces soulevées de Catalogne allant sur Barcelone, et de là marcherait sur Madrid.

Enfin, on croyait que tout serait terminé en
quinze jours au plus tard, ce qui serait arrivé si
Valence n'eût failli à son devoir.

Mais le général Prim, en homme prudent et
prévoyant, avait ordonné que, le 22, les forces

soulevées de **Lérida** et de **Barcelone** se re-
pliassent sur la frontière afin qu'il pût se
mettre à leur tête et rejoindre les forces de
Tarragone, dans le cas où les forces militaires
compromises ne rempliraient pas leurs engagements.

Tout étant ainsi déterminé, chacun vint prendre les ordres à Bruxelles, et tous allèrent à leur
poste désigné. Enfin, le général Prim partit de
Bruxelles, traversa toute la France pour se pro-
curer un bâtiment qui pût le transporter sur le
littoral. Après de grands efforts et d'innom-
brables difficultés, il arriva dans le port de
Valence le 16 au soir, où il resta deux jours au
milieu des plus terribles dangers, car il savait
bien que, s'il était pris, Narvaez ne lui ferait
aucun quartier. Mais les conjurés retirèrent leur
parole, soit par peur, soit pour d'autres motifs
qui seront expliqués plus tard, laissant le vaillant général compromis et dans une situation
critique qu'on comprend aisément.

Prim, désespéré, put faire voile sur un autre

point où il se présenta, comptant aussi sur les engagements formels qui lui avaient été faits par la garnison. Mais là, comme ailleurs, on lui fit défaut. Il revint alors sur Marseille, où il débarqua le 20 au soir, et de là, déguisé, il se dirigea vers la frontière de Catalogne pour rentrer par Gerona avec les partidos qui devaient, d'après ses ordres, venir à sa rencontre. Il avait parfaitement calculé pour avoir une partie de la frontière ouverte dans le cas où, contre toutes ses prévisions, les villes qui lui avaient promis viendraient à faire défaut.

Il arriva à la frontière le 22 au matin, jour qu'il avait fixé pour le rendez-vous, ainsi qu'on l'a vu précédemment.

Mais là, il apprit que les forces sur lesquelles il comptait, n'ayant pu se soutenir, avaient été internées en France, que celles de Barcelone n'avaient pu passer et que Lérida ne s'était pas soulevée.

Dans une si grave situation, il commença par envoyer des émissaires de toutes parts afin de voir si quelque force soulevée pouvait s'approcher. Mais, par une terrible fatalité, rien ne se présenta sur une étendue de près de trente lieues.

Se laissant aller alors à son caractère impétueux, il commit un acte que l'on peut qualifier plus que de téméraire : il tenta d'entrer seul, arriva jusqu'au pont de Puycerda et le trouva occupé par des masses de guardias rurales et par la garde civile. Il resta quelques heures là, à portée de pistolet, imprudence sublime ! mais inutile, et il dut se retirer.

Un dernier effort fut tenté. Il se forma un Partidos sur la même frontière. On trouva des armes et des volontaires, mais les mesures d'ordre international, la quantité de troupes françaises dirigées sur ce point le forcèrent de renoncer à une lutte désormais inutile après dix jours d'efforts suprêmes.

Poursuivi par la police française et ayant reçu la nouvelle que toute l'Insurrection était paralysée, il dut se résigner à quitter ce point et la

France le 3 septembre, laissant entre les mains de la police française deux des siens qui l'accompagnaient.

Ainsi le premier voyage sur Valence a empêché que le général **Prim**, confiant dans les promesses de cette ville, entrât en Espagne par Tarragone. Si elles n'eussent pas été faites, il serait entré par Gérona, comme il l'aurait fait du reste si Lérida et Barcelone eussent pu se soulever (ce qui n'a pas eu lieu parce que les troupes avaient été enfermées, désarmées et mises sous la surveillance de soldats payés pour faire l'office de bourreaux), ou même si les partidos de Gerona eussent pu se soutenir le temps nécessaire pour l'arrivée de Prim.

Les forces soulevées voyant que le général Prim n'entrait pas, que les troupes ne se prononçaient pas, et qu'aucune ville importante ne se soulevait, commencèrent à se débander, des désertions eurent lieu, et elles se rendirent après avoir eu connaissance de l'armistice promis.

Les chefs commandant les forces régulières, se voyant forcés de repasser la frontière, épuisèrent leurs dernières cartouches, et c'est sur la terre française que tomba le jeune et héroïque Vellarde, aide de camp du général Contreras.

Lorsque Contreras et sa troupe remirent leurs armes entre les mains des autorités françaises, le capitaine de gendarmerie eut la courtoisie de laisser au chef son épée, que celui-ci voulait briser.

Nous empruntons à une correspondance écrite de Luchon le récit de cet épisode émouvant :

Le général Contreras était entré en Espagne par le port de Vénasque, mais tous ses efforts ont été impuissants à faire pénétrer sa petite troupe dans l'intérieur. Cinq fois et à cinq passages différents, il s'est butté contre un régiment de la reine, cinq colonnes de 700 hommes chacune contre lesquelles tout combat était impossible.

Pendant huit jours, le général Contreras a parcouru le pays, évitant habilement l'attaque de ce cercle se resserrant contre lui tandis qu'il gagnait insensiblement la frontière.

Arrivé à l'hospice sans avoir essuyé un seul coup de feu, le général n'a pas voulu cependant quitter le sol espagnol sans brûler ses cartouches. La petite troupe a chargé ses fusils et le combat a duré tant qu'ont duré les munitions.

Dans cette rencontre, 38 soldats de la reine ont été tués. Les insurgés ne comptent qu'un mort, Vellarde, aide de camp du général Contreras. Pauvre garçon ! je viens de le voir, vingt-trois ans à peine, front large, grands yeux ombreux, et je ne sais quel air martial que la mort elle-même n'avait pu effacer de sa physionomie. Le combat avait cessé lorsqu'une balle l'a frappé au ventre, à quelques mètres à peine du sol français.

Déjà un poste avait été placé à la frontière. Lorsque les insurgés ont commencé à descendre la montagne, le capitaine de gendarmerie s'est avancé, seul, à deux kilomètres environ au devant des Espagnols.

Il a abordé le général Contreras en lui déclarant qu'il avait ordre de le désarmer lui et sa troupe. Contreras a aussitôt livré son pistolet ;

puis, brandissant son épée : « J'aime mieux la briser que la rendre », a-t-il dit.

Le capitaine de gendarmerie a eu la courtoisie d'arrêter le bras du général et de lui laisser son épée, sous promesse que la troupe allait désarmer. Sur un signe de leur chef, les insurgés se sont rangés en bon ordre et ont livré leur armes sans la moindre résistance. Puis la colonne s'est mise en marche vers Luchon : 150 hommes à peu près et 29 chevaux ou mulets.

La population s'est portée en foule aux grilles du hangar de la mairie, où ils sont casernés. Des ordres ont été donnés pour que les vivres fussent apportés en hâte; car, dans leurs pérégrinations à travers bois, les insurgés ont quelque peu souffert du plus cuisant des maux, la faim.

Le général Contreras m'a paru de taille moyenne, un peu gras; mais si le corps marque soixante ans, la figure a conservé toute l'énergie de la trentaine, malgré les cheveux blancs qui sortent drus et pressés du képi galonné d'or.

Un dernier détail que j'oubliais. Après avoir rendu les armes, la troupe des insurgés s'est spontanément tournée vers l'Espagne, criant avec enthousiasme et à plusieurs reprises : Vive la liberté ! vive Prim ! vive la France !

A qui faut-il imputer la faute de tout cela?

1° Aux militaires qui, s'étant engagés presque tous, ont manqué à leur parole;

2° Au pays qui disait tous les jours qu'au moindre mouvement il se soulèverait en masse comme un seul homme, et qui, ayant vu un soulèvement important en Catalogne, avec de nobles et vaillants généraux à sa tête, est resté calme;

3° Enfin à la fatalité qui, dans cette circonstance, a joué un grand rôle.

Les gens qui parlent mal du général Prim ne savent pas ce qui s'est passé et sont plus que légers, ou ils sont de mauvaise foi et s'associent avec le gouvernement pour renverser cette puissance morale que Prim tient du pays.

A celui qui a fait une pareille campagne, qui a affronté tant de dangers, qui sacrifie son bien-être, ses intérêts, sa famille et sa vie entière au triomphe de la liberté et du progrès de son pays, est-ce la faute que ceux qui s'étaient engagés à aider au réveil de la patrie n'ont pas voulu ou n'ont pas pu remplir leurs engagements au moment donné?

Ceux qui calomnient l'honorable général Prim, sans connaissance des faits accomplis, sont les vrais ennemis du triomphe de la liberté dans un pays opprimé et martyrisé indignement par ceux qui le gouvernent, et qui jouissent ainsi de l'impunité, — grâce à l'appui de leurs organes et de leurs flatteurs.

Lorsque le général Prim, désespéré et non abattu, vint à Genève chercher un refuge et prendre quelque repos après plus de douze nuits passées sans sommeil; de toutes parts les diffamations, les mensonges, les lâchetés plurent contre lui, c'est alors qu'il se décida à écrire son manifeste, — non pour se justifier, l'avenir s'en chargera pour lui, mais pour expliquer à ses compagnons d'armes sa conduite pendant

ces jours si douloureux pour lui, obligé de re-
partir sans avoir combattu.

Voici la traduction textuelle de cette belle et
loyale proclamation :

Quand les partis politiques se trouvent
dans une situation semblable à celle que les
libéraux espagnols traversent actuellement,
le devoir de celui qui a mérité leur confiance
pendant trois ans est de leur faire connaître
sa pensée et ses sentiments sur les événements qui viennent de s'accomplir. Si j'avais
pu prendre part au combat et que nous ayons
été vaincus, je vous aurais dit, en foulant de
nouveau la terre étrangère, ce que je dis aux
vaillants régiments de Baylen et Calatrava
quand j'entrai avec eux en Portugal.

Si vous aviez su d'avance que je ne devais
pas vous conduire à la bataille, comme les
vaillants artilleurs et le courageux peuple de
Madrid le savaient en juin, je me serais borné
à vous écrire particulièrement comme je le

fis alors, afin de vous exprimer mon admiration pour tant d'héroïsme, ma douleur pour tant de généreux sang versé. Mais ma situation n'est pas semblable à celle d'alors, de même que la vôtre ne ressemble en rien à celle des braves qui avaient à combattre sans armes et sans ressources contre toutes les forces du gouvernement, lesquelles auraient dû se diviser pour accourir en plusieurs endroits où la lâcheté et l'égoïsme rendirent nos efforts stériles.

Que les ennemis de la liberté ne s'attendent pas à me voir suivre aujourd'hui une autre conduite que celle que mon devoir m'a dictée jusqu'à présent, bien que mes espérances viennent d'être détruites, mes calculs trompés, et que je me trouve vaincu une fois de plus.

Ma fermeté ne fut pas ébranlée un seul instant par les calomnies que l'on répandit alors, prétendant que mes compagnons d'armes avaient ouvert les portes des bagnes, que j'avais traité avec l'étranger pour lui vendre l'île de Cuba, et que les régiments soulevés avaient été achetés avec un or que nous ne possédâmes jamais; elle ne faiblira pas non plus maintenant devant les jugements divers qui se répandent avec des visées différentes dans la presse espagnole et sont reproduits ou commentés dans celle qui, à l'étranger, est toujours dévouée aux ordres du parti réactionnaire de notre pays.

Je ne dirai pas un mot que je ne croie convenir aux circonstances, je ne ferai allusion qu'aux faits qui intéressent l'avenir du parti libéral. Je ne nommerai même pas une seule des personnes qui, aujourd'hui (comme autrefois, ont empêché de changer les destinées de notre malheureuse patrie.

Un jour viendra où l'histoire de ces trois dernières années sera écrite, un jour viendra où elle se fera jour au moyen de la presse et de la tribune espagnoles; la nation verra alors, et le monde avec elle, les sentiments

généreux auxquels ma conduite a obéi, les
immenses sacrifices que j'ai dû faire avec le
concours d'un petit nombre d'amis, et comme
je devais compter sur le succès (si les calculs
humains ont quelque valeur) dans les mouvements que j'ai entrepris.

L'Europe connaîtra aussi les moyens in-
dignes qui ont été mis en jeu pour nous
vaincre. L'Espagne saura à son tour les noms
des égoïstes qui ont neutralisé nos efforts,
ceux des déserteurs qui ont abandonné leurs
camarades, ceux des lâches qui aux moments
suprêmes ont manqué à leurs engagements.

Pour aujourd'hui, il me suffit d'exprimer
mon admiration pour les braves qui ont fait
des efforts héroïques pour conquérir la liberté
de la patrie.

Il me suffit de témoigner mes vifs regrets
et la profonde douleur que j'éprouve de
n'avoir pu prendre une part active dans les
derniers combats.

Qu'importe que mes ennemis me croient

dépourvu à présent du courage que j'ai déployé dans toute ma carrière militaire, de la
patience dont j'ai donné tant de preuves dans
le cours de ma longue vie politique, de
l'énergie révolutionnaire que j'ai tâché de
montrer à Valence et à Pampelune d'abord,
à Aranjuez et à Villarejo plus tard ! Ce
que je fis à Castillejos pour la liberté, ce
que j'accomplis au Mexique pour sauver
l'honneur de l'Espagne, je l'aurais accompli
de même à Madrid pour la tirer de l'état de
prostration et de décadence où elle se trouve.

Parti le 7 de Bruxelles, — le mouvement
devant avoir lieu le 15, — j'ai dû traverser
la France pour m'embarquer dans un de ses
ports, et je me suis rendu aux portes d'une
de nos villes les plus importantes, où j'ai sé-
journé quarante-huit heures, après avoir
touché les côtes d'Afrique.

Ce n'est pas ma faute si, me voyant forcé
de revenir à Marseille le 20, et me retrouvant
le 22 sur les frontières de la Catalogne, j'ai

rencontré les forces du gouvernement là où je comptais trouver celles qui devaient m'attendre.

Ce n'est pas ma faute si les libéraux des provinces de Tarragone, Lérida et Barcelone, se sont vus dans l'impossibilité de venir à ma rencontre, comme cela était convenu, dans la prévision de ce qui arriva. Enfin, ce n'est pas ma faute si, malgré mes efforts et ceux des dignes amis qui m'accompagnèrent pendant douze jours (jusqu'au 4 septembre), il nous fut impossible de réunir une petite troupe pour tâcher d'opérer notre jonction avec les braves de Barcelone et de Tarragone. desquels nous étions éloignés de quarante lieues.

Que ceci reste consigné pour l'honneur de ceux qui, en entrant en Espagne, virent que la promesse faite à Gerone et à Lérida n'avait pas été tenue.

Que l'on prenne acte de ce fait pour la gloire des braves qui auraient mieux aimé aller recevoir leur général que combattre les forces très-nombreuses qui les harcelaient.

Qu'on sache ceci enfin, à la honte des militaires qui ne tinrent pas leur parole d'honneur, à l'opprobre des hommes qui promirent sur la frontière ce qu'ils ne furent pas capables de tenir plus loin.

Ai-je besoin de vous dire que mon départ de Bruxelles eut lieu d'accord avec mes amis les plus intimes, et qu'avec eux aussi il fut fait élection de l'endroit où je devais me diriger? Il est inutile de dire que nous avions combiné la manière d'entrer en Catalogne.

Je n'ai pas besoin d'ajouter que, pendant que j'attendais à la frontière, mes amis n'omirent aucun moyen, ne reculèrent devant aucun sacrifice afin de chercher à fouler le sol espagnol. Nous ne consentîmes à perdre de vue notre patrie que lorsque nous vîmes notre nombre diminuer tellement qu'il devint impossible d'exécuter cette double combinaison d'entretenir les forces qui poursuivaient

et faciliter notre entrée à nous, qui atten-
dions.

Il y a cependant quelque chose à ajouter à
ce léger aperçu, les sacrifices qu'il m'a fallu
faire, les déguisements auxquels j'ai été
obligé de recourir, les moyens que j'ai dû
employer pour tromper la surveillance de la
police du gouvernement espagnol d'abord,
et de la police française ensuite; on les doit
aux dignes amis qui ont partagé mes espérances et mes déceptions.

Le parti libéral les connaît, et je me plais
à leur manifester une fois de plus ma grati-
tude et mon affection.

Jamais je ne serais descendu à donner ces
simples explications, si ceux qui m'entourent
depuis le commencement de la dernière période révolutionnaire de notre pays ne
l'avaient exigé. A l'injure, j'aurais répondu
comme toujours par le dédain, au mensongo
avec le temps, et à la calomnie avec le mépris.

Ils veulent cependant que je parle, lés

Catalans, parce qu'ils ne peuvent tolérer que l'on offense le compatriote. Ils veulent que je parle, les Aragonais qui ne souffrent pas avec patience que l'on insulte le libéral. Ils veulent que je raconte ce qui est arrivé, tous les émigrés, tous les bons libéraux, qui ne peuvent voir avec calme que l'on injurie sans motif et que l'on discute sans données l'ami, le général et l'homme politique.

Ah! s'ils savaient, amis et ennemis, les peines et les douleurs que j'ai souffertes, les humiliations que j'ai subies, les jours où mes compatriotes et mes amis ont combattu! Jamais ne s'effacera de mon âme le souvenir de cette courte période qui m'a fait dévorer tant d'amertumes et tant souffrir les amis qui m'accompagnaient.

Je n'ai rien à dire sur ma position dans l'avenir tant que je continuerai à mériter la confiance du grand parti libéral espagnol, et de cette confiance je reçois à chaque instant les preuves multipliées. — Comme toujours, je consacrerai mes efforts, dédierai mes veilles au triomphe de la liberté, qui est le rêve de toute ma vie; ma fortune, mon épée, mon intelligence, tout ce que je suis et tout ce que je vaux sera au service de notre cause.

Je ne sais ce que l'avenir réserve à notre patrie. J'ignore dans quelle voie entreront, après les faits récents, les choses et les personnes qui se disputent là les honneurs de la vie politique. Je ne sais pas non plus si les derniers événements, et la part que chacun des hommes importants du parti libéral y a prise, pourront modifier la situation et la porter sur un autre terrain. Arrive que pourra. Que chacun prenne l'attitude qu'il croira opportune. Je me trouverai là où se trouvera la majorité des partis libéraux, je serai à côté de ceux que la persécution n'a pas affligés, que la déroute n'a pas attiédis, que le malheur n'a pas abattus, pour attaquer sur le terrain où nos ennemis présenteront la bataille, pour lutter partout où l'exigera l'idée libérale, pour combattre jusqu'à ce que notre patrie ait le gouvernement qu'elle mérite.

S'il existe des libéraux qui croient que l'Espagne ne peut vivre sans un gouvernement constitutionnel, je les plains. S'il y en a qui sont mus par la haine et les mauvaises passions dans la continuation de l'œuvre commencée, je les oublie. Si quelques-uns voulaient faire prévaloir leur volonté sur celle de notre grand parti, je les combattrai de toutes mes forces.

Rien sans le parti libéral, tout avec lui. Et quel que soit le sacrifice que je doive faire, ils peuvent compter sur lui d'avance, ceux qui savent que je n'ai pas d'autre désir, que je ne caresse pas d'autre ambition que celle de voir notre patrie respectée à l'étranger, libre et florissante à l'intérieur.

Si d'autres hommes que ceux qui composent notre parti obtiennent ce résultat, j'admirerai et j'applaudirai à leurs œuvres.

Si quelque libéral atteint ce but sans avoir besoin de mon faible concours, je l'aiderai à consolider ce qu'il aura fondé. Si ce sont les partis libéraux réunis qui remportent une telle victoire, je rentrerai dans la vie privée une fois que je la verrai accomplie et ses conquêtes assurées.

Je ne me serais pas placé dans une situation révolutionnaire, si les clameurs de l'opinion publique avaient été écoutées en Espagne. Je n'abandonnerai pas non plus un seul jour cette attitude jusqu'à ce que les gouvernements espagnols cessent d'être les bourreaux de leur patrie et le scandale de l'Europe civilisée.

Juan Prim.

Nous tenons à citer à nos lecteurs l'interprétation différente de cette page si éloquente dans toutes ses parties par deux journaux opposés l'un à l'autre, *le Siècle* et *la Patrie*.

Le premier, dans son numéro du 1er octobre, disait :

Plusieurs journaux publient un long mémoire du général Prim, en réponse aux attaques que lui a values sa conduite pendant la dernière insurrection. *Il explique les incidents qui ont rendu impossible sa présence* parmi les hommes de cœur qui luttaient en Catalogne et en Aragon contre *l'odieux système politique qui courbe aujourd'hui l'Espagne.*

Nous croyons sans peine à l'exactitude des détails ci-dessus. Le courage éprouvé dont le général a fait preuve dans tant de circonstances de sa carrière militaire *ne permet pas d'attribuer un seul instant à un sentiment indigne de son caractère son absence à la tête des bandes insurgées.*

Le général affirme de nouveau son dévouement à la cause de la liberté en Espagne et sa résolution de travailler sans relâche *à délivrer son pays du régime réactionnaire qui l'opprime.*

De son côté, la *Patrie* du 1er octobre s'exprime ainsi :

Le général Prim a enfin jugé à propos de

donner des explications au sujet de l'étrange conduite qu'il a tenue pendant la crise que vient de traverser l'Espagne, crise où le nom seul du chef révolutionnaire a figuré, sans que sa personne ait jamais paru dans les échauffourées auxquelles elle présidait de loin.

C'est cette *inexplicable* absence que le général Prim essaye de justifier aujourd'hui. Dans un long manifeste, diffus et emphatique, il raconte ses pérégrinations à la recherche de l'insurrection. Rien de plus lamentable que cette odyssée. Parti de Bruxelles le 7 août, il traverse la France, s'embarque dans un port français, et après avoir touché la côte d'Afrique, il se rapproche d'une ville importante d'Espagne, qu'il ne juge pas expédient de désigner (1).

Aux portes de cette ville anonyme, notre héros avait donné rendez-vous à de braves et fidèles militaires qui avaient juré de trahir à point nommé le gouvernement auquel ils avaient prêté serment. Ces braves gens ayant manqué à leur promesse, le général Prim, *justement effrayé* de sa solitude, s'en revint en toute hâte à Mar-

(1) Nous l'avons désignée plus haut ; c'est Valence.

seille. Ici, *saisi apparemment de quelque re-mords*, il repartit pour la frontière de Catalogne : nouvelle déception. Au lieu des soldats insurgés que l'agitateur espagnol s'attendait à trouver à la frontièro, il rencontra une armée loyale, dé-cidée à défendre énergiquement le gouvernement *légitime ;* ce que voyant, le général Prim, *aban-donnant* à leur destin les petites bandes insur-rectionnelles errantes autour de Tarragone et de Barcelone, *s'en vint remiser à Bruxelles* sa gloire et ses projets.

Le général Prim ne manque pas. suivant l'usage, d'assaisonner cette *triste justification* d'une profession de foi libérale et constitution-nelle. Il proteste de la pureté de ses intentions, et déclare fièrement qu'il conservera son atti-tude révolutionnaire tant que le gouvernement actuel en Espagne persistera dans la voie où il est engagé.

Libre au général Prim. Les résultats de la dernière échauffourée sont de nature à inspirer au gouvernement espagnol une grande tranquil-lité à son égard. En effet, il résulte de l'aveu de Prim lui-même que, partout où il avait compté trouver une armée en insurrection, il a rencontré, au contraire, une armée fidèle et résolue. Le fait est capital et significatif. Nous ajouterons, enfin, comme unique réponse aux déclamations libérales du général Prim, que le ministère actuel, en Espagne, a pour lui au moins *le mérite de n'avoir pas pour origine une insurrection militaire.*

Nous nous obstinons à croire, en dépit des imputations *calomnieuses* dont ses ennemis prétendent accabler l'administration du maréchal Narvaez, que la *légalité* de son origine est un progrès autrement *libéral et constitutionnel* que toutes ces modifications qui ne cherchent d'autre point de départ qu'une insurrection de l'armée.

S'il y a une chose évidente, c'est que *la plaie de l'Espagne a été l'intrusion de l'armée dans la politique.* S'il y a au monde quelque chose d'anti-libéral et d'humiliant pour un peuple, c'est assurément un semblable régime.

L'administration actuelle du maréchal Narvaez est la réaction la plus marquée contre le système des *pronunciamientos* (1), qui a été pendant tant

(1) Nous corrigeons ce mot à la *Patrie*, qui disait *prononciamiento.*

d'années l'affliction de l'Espagne. Le général Prim, au contraire, représente dans toute son *exagération* ce système déplorable.

Ceci explique suffisamment pourquoi nous soutenons l'un et combattons l'autre, et, en le faisant, nous avons la conscience de défendre ici encore la liberté et l'observation des lois, son unique sauvegarde.

Dans cette longue et acerbe critique, dont l'intention malveillante n'échappera à personne, nous avons souligné à dessein les expressions qui jurent surtout avec la vérité et le bon goût.

Quoi! un proscrit, un patriote libéral, un héros! sacrifie depuis des années pour la sainte cause de la liberté de son pays sa fortune, sa famille, son bonheur, sa vie tout entière! il ne recule devant aucun sacrifice, devant aucune difficulté pour atteindre ce glorieux but qui est devenu son unique pensée, et, parce qu'il a encore échoué, après qu'il a fait tout ce qu'il était humainement possible de faire, on l'accuse, d'une façon indirecte il est vrai, de *lâcheté*, de *trahison*. On ridiculise ses projets, on applaudit à sa défaite, on persifle sa défense, on l'insulte dans son exil, — parce qu'on sait qu'il ne peut répondre comme il le voudrait et sans être lui-même un dénonciateur, et certes! s'il le devenait, — ce qui serait justice, après tout, pour sa justification, — ceux qui l'attaquent d'une façon aussi déloyale, aussi lâche seraient peut-être les premiers à courber le front sous le poids des vérités écrasantes qui seraient ainsi dévoilées contre eux.

Il se trouve des écrivains de talent, comme M. Cucheval-Clarigny, de *la Presse*, pour oser écrire les lignes suivantes, qui n'ont pas besoin de commentaires pour les flétrir comme elles le méritent :

La liberté et le progrès n'ont rien à attendre de ces changements rapides et capricieux, œuvres éphémères d'une soldatesque avide. *Ce qu'il faut à l'Espagne, c'est un gouvernement qui dure,* QUELQUE RUDE QU'IL SOIT.

Jusque-là, *liberté* et *progrès* ne seront qu'un

mot d'ordre à l'usage des factions vaincues pour recommencer la lutte contre les factions triomphantes, et ressaisir *une part des dépouilles de l'Espagne.*

Le même écrivain disait, quelques jours plus tard, en parlant de Prim :

Cette personnalité *ambitieuse* et *remuante*, qui n'est arrivée à la réputation *que par les maux qu'elle a déchaînés sur l'Espagne,* se résignera-t-elle à l'oubli? Verra-t-on finir ces complots incessants qui remplissent l'histoire des dix dernières années, et au fond desquels se retrouvent uniquement les préoccupations d'une ambition que *rien ne justifie.*

Si Prim, éclairé par les événements, peut cesser d'être un *fléau* pour son pays, la dernière insurection n'aura pas été complétement stérile.

Prim, un *fléau* pour son pays ! lui qui a combattu trente ans, qui a assisté à plus de quarante combats pour soutenir son indépendance et sa grandeur ! — Prim un *ingrat* envers sa souveraine! (le même écrivain l'a dit) lui qui a reçu neuf blessures, a livré trois assauts, remporté quinze combats et **risqué** cent fois sa vie pour assurer le trône à Isabelle II. — Et le général ne doit rien à personne parce qu'il doit tout à son épée, c'est-à-dire à lui-même.

Chacune de ses promotions était le résultat d'une action d'éclat, et toutes ses décorations ne couvriraient pas les glorieuses blessures qui ont tant de fois ensanglanté sa poitrine...

Quand on critique d'une façon aussi dure, aussi malveillante que le fait *la Patrie*, le manifeste du général Prim, il est de toute équité de reproduire dans son étendue ce manifeste. La *Patrie* accuse, mais elle se garde bien de montrer à ses lecteurs la justification de celui qu'elle attaque ainsi, ce qui serait donner à elle-même le plus éclatant démenti.

Nos lecteurs apprécieront cette façon d'agir envers un patriote exilé qui n'est pas là pour se défendre et qui dédaigne même de le faire.

En faisant suivre le manifeste du général Prim de la critique qu'en a fait *la Patrie*, c'est peut-être la plus belle justification qu'on puisse donner de cette éloquente déclaration où le patriotisme, la loyauté et la conviction s'accusent si hautement et défient toutes dénégations et arrière-pensées.

La Patrie ne change pas de système; alors que le général Prim avait quitté Bruxelles depuis plus de huit jours, elle s'obstinait à le faire séjourner dans cette ville, — *ce que lui garantissaient, disait-elle, ses correspondances particulières*, — puis à Londres, où il n'a pas passé, puis en Allemagne, etc. — Toutes les informations de ce journal avaient la même origine et la même exactitude. Aujourd'hui, il dit que Prim est reparti directement pour Bruxelles, quand il revint au contraire à Genève, où il séjourna jusqu'au 28 septembre avant de retourner en Belgique.

S'il ne s'est pas fixé momentanément dans la principale ville helvétique, nous croyons savoi que c'est à cause du choléra qui y sévit depuis quelque temps, et qu'il redoutait, — non pour lui, car il ne recule devant aucun danger, — mais pour sa femme et ses enfants qui devaient venir le rejoindre, et iront avec lui à Londres partager sa vie d'exil, de lutte et d'espoir.

On a reproché au général Prim, et peut-être non sans quelque raison en apparence, de n'avoir pas assez nettement déclaré son programme politique dans le manifeste du 27 septembre.

A cela nous répondrons par deux raisons :

La première, c'est qu'en publiant ce manifeste, destiné spécialement à ses compagnons de lutte, son intention n'était pas d'écrire un programme politique que tous connaissent et partagent, mais de leur expliquer sa conduite pendant les événements du mois d'août.

La deuxième, c'est qu'il eût été peut-être imprudent ou impolitique de déclarer à la face de l'Europe le changement radical qui doit forcément s'opérer un jour dans le gouvernement actuel de la Péninsule ibérique. La reine Christine est elle-même tellement convaincue du péril qui menace le trône de sa fille Isabelle, qu'elle aurait déclaré qu'un prompt changement de ministère est indispensable, et que, pour éviter une catastrophe imminente, il fallait adopter de suite un ministère entièrement *progressiste*.

Au point où en sont arrivés les excès de toutes sortes commis par le gouvernement réactionnaire, croit-on qu'un changement du ministère actuel, remplacé par le ministère le plus libéral qu'on voudra, soit suffisant pour sauver le dernier trône chancelant des Bourbons?

Nous le souhaiterions pour l'honneur et la tranquillité de la reine Isabelle II, mais cela ne nous paraît guère probable.

Le pronunciamiento du 2 janvier 1866 avait un caractère tout autre que les deux dernières révolutions. Le dévouement du général Prim pour la reine et la monarchie n'avait encore rien perdu de son prestige, et le héros de los Castillejos espérait alors prouver à Isabelle II que le pays et l'armée surtout voulaient un changement dans le système réactionnaire, et qu'en adoptant un ministère libéral et éclairé, on sauvait la monarchie d'un péril imminent qui doit fatalement renverser celle qui existe aujourd'hui.

La révolution du 2 janvier 1866 n'a pu réussir par la trahison d'un chef; celles de juin et d'août n'ont pas abouti parce que la fatalité était encore une fois l'ennemie du Droit. — Eh bien! nous le répétons, Prim et son parti ont décidé que tous leurs efforts tendraient désormais à renverser la reine pour la remplacer par un gouvernement qui serait l'élu de la nation.

Le général Prim n'est pas un républicain, c'est un monarchiste libéral constitutionnel, et la meilleure preuve, c'est qu'il a été abandonné pendant l'action par plusieurs démocrates qui ne voulaient se battre que pour la république. (Ils ont été désavoués par leurs chefs.)

Ami de la France et de ses idées, grand admirateur des institutions françaises, c'est sur nous qu'il se basera pour exposer ses idées gouvernementales le jour où il aura triomphé. Ennemi du clergé *absolutiste*, lequel est et a toujours été celui de la liberté, il veut surtout un changement radical dans l'administration qui touche à la religion.

En France, on a peine à croire combien l'Espagne est soumise à un joug odieux par les cléricaux et principalement par le parti jésuitique. Plusieurs fois par an, des visites sont faites à domicile, et chaque individu est tenu de montrer son billet de confession s'il ne veut s'exposer aux plus graves désagréments. L'intolérance religieuse est extrême, et tous ceux qui ne sont pas catholiques fervents et dévoués à leur curé, c'est-à-dire à leur confesseur, sont soumis à des vexations et à des violences de toutes sortes.

Ce dernier point est très-important dans le programme politique de Prim, et il saura y mettre bon ordre en commençant par accorder immédiatement la liberté des cultes.

Nous ne sommes pas étonné des attaques inouïes dont il est l'objet, *et qui viennent surtout*

du parti jésuitique si puissant en France et à
plus forte raison en Espagne.

On traite Prim d'ambitieux, d'ingrat, de
traître, mais d'ambitieux principalement, car sa
loyauté et son courage ne sont un doute pour
personne. Eh bien! si Prim était un ambitieux,
aurait-il eu besoin de se mettre dans une situation révolutionnaire, alors qu'il avait dignités,
fortune, honneurs, famille, en un mot, la plus
haute position que puisse envier un ambitieux?

Prim n'est pas et ne peut pas être un ambitieux, Prim est un patriote qui veut la liberté
de son pays.

Sa cause est loin d'être perdue, comme le
croient sérieusement beaucoup de gens instruits.
Elle entre, au contraire, dans une nouvelle
phase qui offre de grandes chances de réussite.
Tôt ou tard l'Espagne triomphera de ses oppresseurs. Ce moment ne peut être loin. Les
gouvernements qui ne vivent que par la violence
et l'arbitraire sont bien près de leur fin quand
des hommes de cœur se sacrifient pour sauver

leur patrie, et l'Espagne est riche de patriotes dévoués et libéraux.

C'est en le général Prim que les vrais Espagnols ont mis tout leur espoir, c'est lui qui sera le libérateur de sa patrie.

Nous l'avons dit dans un article publié par le *Figaro*, nous le répétons ici en terminant :

Aujourd'hui, Prim est plus que chef de parti, en Espagne : c'est un principe!

BIOGRAPHIES

BIOGRAPHIES

Nous croyons être agréable à nos lecteurs en complétant cet ouvrage par des notes biographiques très-courtes, mais très-exactes, sur les principaux membres de l'émigration progressiste. Plus tard, nous aurons l'occasion d'écrire un travail plus étendu, auquel ces notices pourront servir de jalons; alors justice sera rendue à tous, et l'on connaîtra avec détails ce que chacun de ces hommes d'élite a fait jusqu'à présent pour la liberté de l'Espagne.

LE GÉNÉRAL MILANS DEL BOSCH

Né dans la Catalogne, en 1810, général de brigade, aide de camp du général Prim, avec lequel il a fait l'expédition de Crimée, l'expédition du Mexique, la campagne d'Afrique et le mouvement du 6 janvier 1866. Émigré depuis cette époque, il n'a pas quitté le général Prim, avec lequel il habite Londres.

LE GÉNÉRAL CONTRERAS

Né à Pisa (Italie), en 1807, où ses parents se trouvaient. Militaire d'un courage héroïque, fort chevaleresque et loyal. Général de l'armée depuis l'année 1845, il a pris une part des plus actives et des plus glorieuses aux insurrections de juin 1866 et août 1867. Il est émigré à Bourges.

LE GÉNÉRAL PIERRAD

Général depuis 1856, il est très-brave. Il a

été comme second au gouvernement des îles Philippines. L'un des chefs dans les mouvements révolutionnaires de 1866 et 1867 ; comme le général Contreras, il est interné à Bourges.

LE COLONEL GABRIEL BALDRICH

Nous sommes heureux de pouvoir parler de ce brave colonel Baldrich, digne émule de son chef. Il est entré le premier en campagne, et le dernier il est sorti de cette lutte héroïque. La campagne a été courte, mais quelle énergie, quel courage il a déployés dans ces combats partiels, et quelle stratégie intelligente il a développée ! Dans sa belle proclamation aux Catalans, il dit adieu à des soldats dévoués à une sainte cause. Né dans la Catalogne, en 1814, il a toujours combattu pour la liberté de l'Espagne depuis 1830, époque à laquelle il était

déjà très-lié avec le célèbre général Mina.
Le colonel Gabriel Baldrich est émigré à Paris.

———

LE COLONEL CAMPOS

Colonel libéral, aide de camp du général
Prim. Brave officier d'une famille très-riche,
émigré depuis 1866. Il a dépensé toute sa fortune pour la cause du parti progressiste, et
reste toujours identifié avec le général Prim.

———

MANUEL RUIZ ZORRILLA

Né en 1832, dans la Vieille-Castille, avocat,
député aux Cortès de 1854, orateur remarquable, homme conséquent et de convictions

très-fermes, l'un des vrais amis du général Prim.
Émigré depuis l'insurrection du 22 juin 1866, il
habite aujourd'hui Passy.

D. SALUSTIANO DE OLOZAGA

Né en 1806, dans la Vieille-Castille. Émigré
en 1832, et condamné à mort, il vint à Paris
où il resta jusqu'à la mort de Ferdinand VII.
Rentré en Espagne, il fut élu député aux Cortès
de 1836, où il se fit remarquer comme orateur ;
jurisconsulte éminent, un des premiers orateurs
du parlement. Ancien président du conseil des
ministres, nommé deux fois ambassadeur à
Paris, décoré de la Toison d'Or ; nous croyons
ne pas nous tromper en disant que M. de Olozaga
s'est déclaré, le premier en Espagne, comme
antidynastique de la branche des Bourbons.
Aujourd'hui, il est exilé pour la quatrième fois
et jouit d'une pension de dix mille francs comme

ancien chef du cabinet espagnol. M. de Olozaga habite Paris, où il est l'un des chefs du parti progressiste et, en même temps, un vieil et loyal ami du marquis de los Castillejos, le chef suprême de l'action.

————

D. JOAQUIN AGUIRRE

Né dans la Vieille-Castille, en 1804, jurisconsulte très-remarquable, professeur de droit à l'Université de Madrid, ministre de la justice en 1855, sous Espartero, émigré depuis l'insurrection de juin 1866, il habite Paris et a toujours défendu, au parlement, le dogme du progrès.

————

LE GÉNÉRAL D. CARLOS LATORRE

Général progressiste, né dans la Nouvelle-Castille, en 1812, député au parlement, exilé après le coup d'État de 1856, émigré après les événements de juin 1866, aujourd'hui condamné à mort et de nouveau exilé; il habite Paris. M. Latorre est un homme excessivement aimable et loyal, d'un courage à toute épreuve et d'une conséquence politique admirable; il a organisé la gendarmerie en Espagne, et a sacrifié sa fortune à la liberté.

D. MATEO SAGASTA

Né en 1833, dans la Vieille-Castille, ingénieur des ponts et chaussées, professeur à Madrid, directeur de *la Iberia*, député au parlement depuis 1854, orateur fort remarquable et d'une amabilité parfaite. En 1856, lors du coup d'État d'O'Donnell, il prit part au combat de Madrid avec le bataillon des gardes nationaux qu'il commandait; émigré quelques jours après, il rentra à Madrid en 1857 et fut élu député. Il a siégé au parlement pendant cinq ans. Lors de la révolution de juin 1866, il gagna (après la défaite) la frontière et vint se fixer dans les environs de Paris. Il est condamné à mort et se trouve encore émigré aujourd'hui. M. Sagasta est un homme de talent et d'avenir sur lequel on peut compter. Caractère loyal et sympathique, énergique et plein de sang-froid dans le danger; telles sont les qualités principales de ce vaillant homme de cœur, l'un des plus populaires parmi les chefs du parti progressiste.

D. PASCUAL MADOZ

Né dans l'Aragon, en 1805, avocat, député au parlement depuis trente années; toujours conséquent et toujours progressiste; ministre des finances sous le ministère Espartero, en 1855; exilé à Ceuta (Afrique) lors du dernier mouvement révolutionnaire d'août 1867.

G. PETANO DE MAZARIEGOS

Né dans la Vieille-Castille, en 1832, avocat de l'Université de Madrid, écrivain distingué, rédacteur de *la Iberia* depuis la fondation du journal, secrétaire d'ambassade et chef de légation sous le ministère Espartero. Rentré à Paris, en 1856, comme émigré, avec M. de Escosura, l'ancien ministre de l'intérieur sous Espartero, aussitôt après le coup d'État du maréchal

O'Donnell. M. Pétano, qui, depuis cette époque, est toujours resté à **Paris**, en renonçant plusieurs fois à des postes diplomatiques, a écrit des livres en français. Il a été élu membre de la Société des gens de lettres et a collaboré dans *l'Avenir national*, *le Nain Jaune*, etc. Il attend, depuis près de onze années, le retour au pouvoir du parti progressiste, auquel il a toujours appartenu et auquel il a tout sacrifié.

ESCODA

Né dans la Catalogne, en 1830, *guerillero* très-célèbre, entièrement dévoué au général Prim. Il est exilé depuis 1866, et son courage est inébranlable. Condamné à mort, il est entré en Espagne en août 1867, et, comme le vaillant Baldrich, il a combattu jusqu'au dernier jour.

LE COLONEL LAGUNERO

Né dans la Vieille-Castille, en 1830, colonel libéral, homme d'un courage à toute épreuve, esprit droit et loyal, progressiste de fermes convictions. Émigré depuis le mouvement du 6 janvier 1866, il a été en Catalogne au mois d'août 1867, et commandait un corps de volontaires.

———

BÉCERRA

Démocrate, homme d'action, né dans la province de Lugo (Galicia), en 1824. Il est professeur de mathématiques et d'astronomie. En 1854, il prit une part active dans la révolution, il a été membre du comité (junte) du gouvernement de Madrid. Il commandait, en 1856, un bataillon de garde nationale, qui s'est battu pendant trois jours, et, en conséquence, il a émigré. Il a été vice-président de tous les comités qui ont formé le parti démocratique espagnol. A la suite des affaires du 22 juin, M. Bécerra fut condamné à mort ; aujourd'hui, il habite Paris. — M. Bécerra et M. Eugenio Garcia Ruiz sont deux démocrates de talent et de fermes convictions.

FERNANDEZ DE LOS RIOS

Né à Madrid, en 1821, député à l'Assemblée constituante en 1854, fondateur des journaux *las Novedades* et *la Soberania Nacionale;* journaliste, écrivain toujours progressiste. Émigré depuis l'affaire de juin et condamné à mort.

CARLOS RUBIO

Né à Cordoba, en 1832, rédacteur de *la Iberia*, condamné à douze années de travaux forcés depuis le mouvement d'Aranjuez (3 janvier 1866). Rentré en Espagne dans les premiers jours du mois de juin pour prendre part à l'insurrection du 22 juin ; exilé de nouveau et condamné à mort. Il est émigré et habite aujourd'hui la Belgique.

ORTIZ Y CASADO

Né à Madrid, en 1827, gérant du journal *la Iberia*, condamné à mort, aujourd'hui en exil. M. Ortiz y Cazado n'est pas un écrivain, mais il a sacrifié sa vie et sa fortune au profit du parti progressiste, dont il est un des membres les plus nobles et les plus aimés. Il a donc droit à une place dans notre ouvrage, — comme tant d'autres courageux patriotes, que nous regrettons de ne pouvoir y faire figurer, faute de renseignements précis.

———

L'un de nos plus sympathiques écrivains, M. Pierre Véron, définissait dernièrement la situation de l'Espagne en ces termes :

« L'Espagne agonise entre un bourreau et un confesseur. »

Cela est si vrai, qu'il n'y a pas en France un cœur généreux qui ne se sente douloureusement ému au récit des exécutions et des proscriptions prononcées par le ministère Narvaez contre les premiers citoyens de l'Espagne, — de cette Espagne si grande, si noble autrefois, — si mesquine, si pauvre, si avilie en plein dix-neuvième siècle, alors que les autres nations s'agrandissent chaque jour par la conquête de leurs libertés (1).

(1) Il est bien entendu que nous parlons ici au point de vue politique, et non du peuple espagnol, qui est un peuple honorable

Qu'il arrive aujourd'hui un conflit européen ; que notre glorieuse France, et avec elle les peuples qui veulent le progrès et la justice, se trouvent en lutte contre le despotisme, l'avidité des nations du Nord, et l'Espagne, comme un « gnome cataleptique enseveli dans un tombeau du treizième siècle », loin de nous soutenir, de nous offrir une arrière-garde sûre et puissante, ne sera, au contraire, qu'une alliée misérable, — sinon nuisible...

« Nous sommes donc intéressés au triomphe de la révolution espagnole ; car il est de ces mesures que la révolution seule peut prendre, et qui doivent intéresser les nations étrangères. »

De cette belle Espagne de Charles Quint, voyez ce qu'en ont fait ses successeurs ! depuis quelques années surtout qu'elle s'abrutit de plus en plus, courbée sous la main tyrannique de son *gouverneur,* — instrument d'une reine incapable

---

autant que brave et généreux. — Disons aussi que les mesures de clémence tant vantées par *la Patrie* ne s'appliquent qu'à des individus déclassés qui n'ont aucun rapport avec les patriotes, au contraire, — les *meâ culpâ* imposés à ces derniers étant inacceptables.

et ingrate, — de ce Narvaez, digne pendant de Calleja, le vice-roi du Mexique, en 1815, et qu'on avait surnommé le « boucher d'hommes » !

Oui, l'Espagne agonise entre un bourreau et un confesseur ; elle râle péniblement sous le joug de ses oppresseurs. Le *garote-vil*, les *presidios*, les fusillades, voilà ce qui vous attend, patriotes espagnols! et pourtant, vous préférez souffrir toutes les tortures plutôt que de renoncer à la gloire, à la liberté de votre patrie!

Courage donc et en avant! Nos vœux vous accompagnent. Vous triompherez un jour, ce jour ne saurait tarder, — et alors, souvenez-vous de vos généreuses promesses, de votre noble programme, et le monde entier applaudira à votre victoire, qui sera le triomphe de l'Ordre, du Progrès, de la Liberté en Espagne!

Louis BLAIRET.

11 novembre 1867.

FIN

POUR PARAITRE PROCHAINEMENT

PAR LE MÊME AUTEUR

L'ÉMIGRATION ESPAGNOLE

EN 1867

HISTOIRE DES DIX DERNIÈRES ANNÉES

LE

MARÉCHAL NARVAEZ

ET LES NÉO-CATHOLIQUES

(Gouvernement de l'Espagne en 1868.)

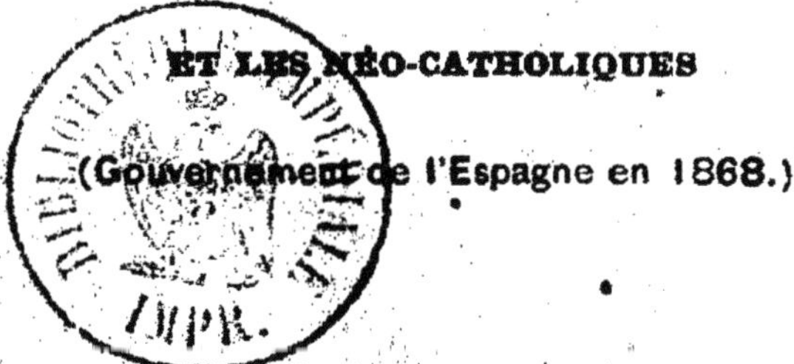

IMPRIMERIE L. POUPART-DAVYL, RUE DU BAC, 30.

9 782019 677879